安倍晋三秘録

Fumito Ishibashi 石橋文登
政治ジャーナリスト／産経新聞元政治部長

飛鳥新社

安倍晋三秘録◉目次

第一章

電撃退陣の裏側

「虎」を乗りこなした男

「権力は虎なんだよ」

安倍晋三が私に向かって唐突にこう言ったのは、もう二十年近く前、まだ、首相の小泉純一郎の下で官房副長官をやっていたころだった。どんな文脈でこの言葉が出てきたのかは覚えていない。「何の話ですか?」と訊くと、安倍晋三はニヤリと笑ってこう言った。

「虎にまたがっているときは無敵だろ。でも降りる時によくよく気をつけないと食い殺されちゃう。権力ってそういうもんなんだよ。お隣の国なんか、降りる度《たび》に毎回食い殺されちゃってるよね。ハハハ」

安倍晋三は、母校の成蹊《せいけい》大学で学長を務めた宇野重昭(一九三〇-二〇一七)から「これは周恩来の言葉だ」としてこの譬《たと》えを聞いたという。

何か出典があるのではないかと思い、中国古典の大家《たいか》である大阪大学名誉教授の加地伸行に教えを請うと、ほどなく次のような返答をいただいた。

隋書《ずいしょ》の独孤《どっこ》皇后伝に「騎虎之勢《きこのいきおい》」という記述がある。虎に乗っていると勢いがよいが、途中で降りられないという意味で使っているという。これを唐代の詩人、李白《りはく》が引用し、「騎虎不敢下　攀龍忽堕天」（虎に乗れば降り難く　龍に登れば忽《たちま》ち天から堕《お》ちる）と詩を詠《よ》んだ。これが人口に膾炙《かいしゃ》し、現代風の「騎虎難下《きこおりがたし》」という熟語となって使われているそうだ。

安倍晋三はこの言葉を深く胸に刻んでいた。にもかかわらず、平成十九（二〇〇七）年九月に第一次安倍政権を退陣する際は、虎から上手く降りられず、瀕死の深手を負ってしまった。同じ轍《てつ》を踏むわけにはいかない。そう考えたに違いない。

令和二（二〇二〇）年八月二十八日（金曜日）午後五時、安倍晋三は首相官邸で記者会見を開き、退陣を表明した。安倍晋三はさばさばした表情で新型コロナウイルスについて政府の今後の対応策を説明した上で、一呼吸置いて、こう切り出した。

「十三年前、私の持病である潰瘍性《かいようせい》大腸炎が悪化し、わずか一年で突然、総理の職を辞することとなり、国民の皆様には大変なご迷惑をおかけしました。その後幸い、新しい薬が効いて体調は万全となり、国民の皆様からご支持をいただき、再び重責を担《にな》うこととなりました。この八年近くの間、しっかりと持病をコントロールしながら、何ら支障なく総理大臣の仕事に毎日全力投球することができました」

「しかし、本年六月の定期検診で再発の兆候が見られると指摘を受けました。その後も薬を使いながら全力で職務に当たって参りましたが、七月中旬ごろから体調に異変が生じ、体力をかなり消耗する状況となりました。そして八月上旬には潰瘍性大腸炎の再発が確認されました」

「病気と治療を抱え、体力が万全でないという苦痛の中、大切な政治判断を誤ること、結果が出せないことはあってはなりません。国民の皆様の負託に自信を持って応えられる状態でなくなった以上、総理大臣の地位にあり続けるべきではないと判断いたしました。総理大臣の職を辞することと致します」

政権のトップが自らの病状をここまで克明に説明するのは極めて珍しい。安倍晋三は「任期をまだ一年残し、コロナ禍の中、職を辞することになったことについて、国民の皆様に心より心よりお詫び申し上げます」と語り、演壇で深々と頭を下げた。その目にはうっすらと涙がにじんだ。

誠意の伝わる記者会見だった。その後、記者たちが、労《ねぎら》いの言葉一つかけることなく、くだらない質問を続ける様子が延々とＮＨＫで生中継されたこともあり、安倍晋三の誠実さと潔さが一層印象づけられた。

その証拠に、共同通信社が八月二十九、三十両日に実施した緊急世論調査で、内閣支持率は二〇・九ポイント増の五六・九％となった。読売新聞社の世論調査（九月四〜六日）でも内閣支持率は一五ポイント増の五二％。TBS系のJNN世論調査に至っては二七・〇ポイント増の六二・四％に跳《は》ね上がった。退陣表明した首相の内閣支持率が急増することは極めて稀《まれ》だ。

SNS上には「外交も内政もあんなに頑張ったのに散々叩かれた末、病気まで再発して可哀想に」という同情の声が相次いだ。「この国難に安倍晋三に代わるリーダーがいるのか」という声も続出した。支持率の急上昇は、国民の「安倍ロス」の表れだとみてよい。

いずれにせよ、安倍晋三は、権力という虎から鮮やかに降り立ってみせた。平成二十四（二〇一二）年十二月末、首相に返り咲いて七年九カ月弱の間に、安倍晋三はすっかり虎を飼い慣らしていたのだ。

Xデーは決めていた

安倍晋三が退陣の決意を固めたのは、辞任会見の四日前の八月二十四日（月曜日）だったという。側近の首相補佐官兼秘書官の今井尚哉《たかや》らごく少数を除いて安倍晋三は黙《だん》りを決めこんだ。

　辞任会見の前日の八月二十七日夜、安倍晋三の後見人である元首相の森喜朗《もりよしろう》は、安倍晋三に電話をかけた。

「安倍さん、テレビで見てたら病状は一時よりもずいぶん回復しているみたいじゃないか。安心したよ。明日夕に記者会見をするんだってね。新型コロナの話なんてどうでもいい。さらっと触れて、後は西村康稔《やすとし》（経済再生担当相）や加藤勝信（厚生労働相）に説明させればいいんだ。国民が心配しているのは君の病状だよ。これについて丁寧に説明し、九月の内閣改造や臨時国会の方針などを話しなさい。そうしたら、みんな安心するよ」

　安倍晋三は、森喜朗の気遣いに何度も礼を言い、電話を切った。森喜朗はこう振り返る。

「安倍さんとは長い付き合いだ。前日夜にもし辞任の意向を固めていたら、言葉の節々にそれがにじみ出るはずだ。だが、あの日の電話ではそんな様子は微塵《みじん》もなかった。色々悩んでいたんだろうな。本当に辞任の決意を固めたのは八月二十八日朝だと思うよ」

　別の政権の重要人物が二十七日夕に電話した際もジョークを交えて応じている。森喜朗やこの人物まで騙していたなら、安倍晋三も大した役者だといえるが、森喜朗が言うように、最後まで迷い続けていたというのが妥当な見方ではないか。

だが、八月二十八日朝には、きっぱりと退陣の決意を固めていた。午前九時五十七分に首相官邸に入ると、女房役である官房長官の菅義偉《すがよしひで》に辞意を伝え、閣議後に、盟友である副総理兼財務相の麻生太郎に退陣する考えを伝えた。午後二時には自民党本部を訪れ、自民党幹事長の二階俊博にも退陣する考えを明かした。まさに電光石火の早業《はやわざ》だった。「安倍首相、辞任へ」というニュースは即座に世界中に配信され、各国首脳を驚かせた。

安倍晋三は退陣するか否かをギリギリまで随分悩んだようだが、「辞任を表明するならば八月二十八日しかない」とXデーはかなり前から決めていた。図らずも九月にぽっかりと一カ月間の政治空白が生じたからだ。元々は八月末~九月初頭に米国で主要七カ国首脳会議（G7サミット）が開催される予定だったが、米大統領のドナルド・トランプは、新型コロナ禍を理由に十一月三日の米大統領選後に延期してしまった。九月下旬に米ニューヨークの国連本部で開かれる国連総会も同じ理由でテレビ会議となった。

「自民党総裁選をやるならばこの時期しかない」。安倍晋三はこう考えた。正規の総裁選は、候補者が全国遊説《ゆうぜい》を行いながら党員投票を実施するため、準備期間を含めて二カ月間ほど要するが、緊急の場合は両院議員総会による略式の総裁選となる。これならば二～三週間で決着する。自らが第一次政権で退陣した際の平成十九（二〇〇七）年九月の総裁選や、首相、福田康夫の退陣後の翌二十（二〇〇八）年九月の総裁選も、略式総裁選で新総裁を選出している。

略式総裁選ならば、臨時国会での首班指名選挙、組閣・党役員人事を含めて九月中にすべてが決着し、政治空白を最小限にとどめることができる。逆算すると、八月末に辞任表明するしかない。しかも金曜日の夕方から記者会見を開けば、株式市場への影響も最小限にとなる。こうしてXデーは八月二十八日に定められた。

もう一つ都合のよいことがあった。正規の総裁選は国会議員票（三百九十四票）と党員票を同数割り振るが、略式総裁選は、国会議員票（三百九十四票）と四十七都道府県に三票ずつ割り振った地方票（計百四十一票）の計五百三十五票で争うため、国会議員の意向を反映しやすい。

安倍晋三は、元幹事長の石破茂にだけは政権を譲りたくなかった。石破茂は第二次安倍政権以降、幹事長や地方創生担当相を務めたが、平成二十八（二〇一六）年八月の内閣改造の際、安倍晋三の慰留を振り切って閣外に飛び出した。「このままでは飼い殺しにされる」と思ったのだろうか。それ以来、「反安倍」の権化《ごんげ》となり、節目節目で野党と見まがうような政権批判を続けてきた。新元号の「令和」まで「違和感がある」と批判した際は、「非常識にもほどがある」と失笑を買った。

石破茂が首相に就任すれば、安倍晋三が七年八カ月かかって敷いた内政・外交の基本路線をすべてひっくり返されてしまう。そうなれば、政界は再び大混乱に陥《おちい》り、国際社会での日本の地位も一気に凋落《ちょうらく》しかねない。安倍晋三はこう考えた。

「石破茂だけは完膚《かんぷ》なきまでに総裁選で叩き潰《つぶ》し、二度と立ち上がれないようにしなければならない」

石破茂は平成二十四（二〇一二）年九月の総裁選で党員票で安倍晋三を上回りながら、決選投票で敗れた苦い経験を持つ。「総裁選のカギは党員票だ」と考えた石破茂は、この八年余り、ひたすら全国行脚《あんぎゃ》を続け、党員票の掘り起こしを続けてきた。地方の首長選挙や県議選や市議選にまで訪れ、夜は地元有力者たちと酒を酌《く》み交《か》わした。これをやられた地元有力者たちは裏切らない。かつて自民党を飛び出し、新進党入りした際に仕《つか》えた小沢一郎から学んだ手法だった。

正式の総裁選をやれば、二カ月間も朝日新聞など反安倍メディアの応援を受けながら、党員投票を優位に進め、「民意」を追い風に国会議員の支持を取り付けることができると踏んだのだろう。念頭にあったのは、小泉純一郎（後に首相）が地滑り的に勝利を収めた平成十三（二〇〇一）年四月の総裁選だったのではないか。ただし、この時の総裁選は森喜朗の電撃退陣を受けた略式総裁選だった。

安倍晋三の退陣表明を受けた総裁選が略式となったことに対し、朝日新聞をはじめとする反安倍メディアは「略式では党員の意向が反映されない」と激しい批判を浴びせた。過去の略式総裁選でそのような批判は聞いたことがない。

そもそも次の総裁の任期は令和三（二〇二一）年九月まで。残り任期が一年しかないのに、正規の総裁選をやるのは道理に合わない。もし仮に二カ月間かけて正規の総裁選をやれば、反安倍メディアは「新型コロナ禍に自分たちの都合で政治空白を作るな」と批判したに違いない。反安倍メディアの底の浅さには呆れるほかない。

岸田文雄と菅義偉

安倍晋三には苦い経験があった。平成十九（二〇〇七）年九月、第一次安倍政権で退陣した際は、退陣表明直後に入院することになり、後継に望んでいた麻生太郎（当時は自民党幹事長）ではなく、性格も、思想・信条も、政治手法も、全く反《そ》りの合わない福田康夫が首相に就任した。これにより、安倍晋三が肝煎《きもい》りで創設した教育再生会議は解散させられ、集団的自衛権行使を容認すべく発足させた「安全保障の法的基盤の再構築に関する懇談会」（安保法制懇）は休業状態に追い込まれた。

「同じ轍《てつ》を踏むわけにはいかない」と考えた安倍晋三が、まず白羽《しらは》の矢を立てたのは、政調会長の岸田文雄だった。ともに父の秘書を経て政界入りした世襲議員であり、当選も同期。自らの内閣で四年七カ月間も外相を務めたので外交路線は大きくぶれることはない。外相の時は、安倍晋三の意向をよく聞き、決して暴走したり横道に逸《そ》れることはなかった。

それ以上に重視したのは、岸田文雄が領袖《りようしゆう》を務める宏池会《こうちかい》（岸田派）が、自民党で最もハト派でリベラル色が強いことだった。「悲願である憲法改正は、ハト派の代表格である岸田文雄に主導させないと成就《じようじゆ》しない」。安倍晋三はそう考えていた。公明党だけでなく一部野党の協力が不可欠となるからだ。そもそも、ハト派の岸田文雄にまとめさせないと自民党自体が分裂してしまう恐れもあった。

令和元（二〇一九）年秋の内閣改造・党役員人事で、幹事長の二階俊博を衆院議長に祀《まつ》り上げ、岸田文雄を幹事長にしようとしたのも、いよいよ憲法改正論議を本格的に動かそうと考えていたからだった。二階俊博が幹事長留任を強く望んだこともあり、この人事構想は頓挫したが、安倍晋三は、自らの政権で憲法改正の発議《ほつぎ》までを手がけ、国民投票は次の首相である岸田文雄にやらせることさえ考えていた。

自らの手で国民投票をやれば、反安倍勢力が結集し、平成二十七（二〇一五）年の安保法制（平和安全法制）制定時を上回るような騒擾《そうじょう》状態を作り出しかねない。そうなると国民投票は「親安倍」か「反安倍か」といった無意味な対立軸に位置づけられ、国民の間でまともな改憲論議もされないだろう。そんな中で憲法改正案が否決されれば、未来永劫《みらいえいごう》、国会で憲法改正が俎上《そじょう》に載ることはなくなってしまう。安倍晋三はそう考えていた。

ただ、岸田文雄の優柔不断さと発信力の乏しさに苛《いら》ついていたのもたしかだ。安倍晋三の総裁三選をかけた平成三十（二〇一八）年秋の総裁選でも岸田文雄は出馬するかどうかぎりぎりまで悩み続けた。この時も、安倍晋三は、石破茂を一騎打ちの末、完膚なきまでに叩き潰そうと考えていただけに苛立ちを隠さなかった。

「岸田さんはダメだね。ここで総裁選に出馬したら私と敵対することになるのに、私にまで『出馬すべきかどうか悩んでいます』などと相談してくるなんてどうかしてるよ。ま、岸田さんがダメなら菅（義偉）さんって手もあるしね」

私はここで初めて、安倍晋三が自らの後継として密かに菅義偉を考えていることを知った。「岸田がダメなら菅しかない。間違っても石破に国民の期待が集まらないように流れを作らねばならない」。安倍晋三は二年前からずっとそう考えてきたのだ。

岸田文雄を後継にするには、もう一つ問題があった。これまで政権を二人三脚で動かしてきた菅義偉との関係にヒビが入る可能性が高かったからだ。

菅義偉は秋田県の農家に生まれ、苦学しながら政治家の道を歩んできた叩き上げの政治家だ。リアリストだった梶山静六（官房長官などを歴任、一九二六－二〇〇〇）を師と仰ぎ、書生論を振りかざすばかりで結果を出せない政治家を極端に嫌う。平成十（一九九八）年の総裁選で梶山静六を支持して平成研究会（現竹下派）を離脱した後、平成二十一（二〇〇九）年までは宏池会（古賀派）に十年ほど身を置いただけに、岸田文雄のこともよく知っているはずだが、菅義偉から岸田文雄を評価する言葉を一度も聞いたことがない。

岸田文雄は、新型コロナ禍でも政調会長として存在感を示すことはできなかった。安倍晋三も「岸田さんにとって新型コロナ禍は存在感を示す願ってもないチャンスなのにね」と不満を口にした。これまで「自分には参謀役が似合っている」と考えてきた菅義偉が、トップの座を狙おうと腹を固めたのは、「岸田文雄ではこの乱世を乗り切れない。ひょっとしたら総裁選で石破茂に負けるかも知れない」と思ったからだろう。

いったん腹を固めると菅義偉の動きは素早い。安倍晋三が退陣表明した翌日の二十九日夜、東京・赤坂の議員宿舎で、幹事長の二階俊博、国対委員長の森山裕《ひろし》と密会し、二階俊博から「あんたしかいない」という言質《げんち》を取り付けると出馬に向けて一気に動いた。二階俊博も三十日午後、志帥会《しすいかい》（二階派）幹部を招集し、菅義偉支持で了承を取り付けてしまった。

岸田文雄は明らかに出遅れていた。八月三十日に最大派閥である清和《せいわ》政策研究会（細田派）会長で元幹事長の細田博之、志公会《しこうかい》（麻生派）会長で副総理兼財務相の麻生太郎の元を訪ね、支持を求めたが、色よい返事はもらえなかった。

三十日夕には森喜朗の元にも出向いた。森喜朗は開口一番こう言った。「二階さんのところは菅さん支持を決めたそうじゃないか」。岸田文雄が「はい、聞いております」と応じると、森喜朗は厳しい口調でこう諭《さと》した。

「だったら引退した僕のところに来てる場合じゃないだろ。すぐにでも麻生さんのところに行かなきゃダメだ。そして土下座をしろとまでは言わないが、せめて相手の膝に手を置いて、涙ながらに『何卒《なにとぞ》ご支援をお願いします』とお願いすべきじゃないのかな。『内閣・党役員人事はすべてお願いします』くらい言ってもいい。安倍さんにもね。とにかく悠長に構えている場合じゃないよ。菅さんのことだ。一気に外堀を埋められてしまうぞ」

岸田文雄は「まだ、その段階では」と口ごもったが、森喜朗が指摘した通り、すでに外堀は埋められていた。三十一日中に清和研や志公会は相次いで菅義偉支持を打ち出した。平成研究会（竹下派）や近未来政治研究会（石原派）もこれに続き、勝敗の帰趨《きすう》は決した。

麻生太郎の大宏池会構想

岸田文雄に打つ手はなかったのか。そんなことはない。麻生太郎と手を結べばよかったのだ。

齢《よわい》八十を数える麻生太郎の残りの政治生命でやりたいことは、もはや首相に返り咲くことではない。祖父で元首相の吉田茂（一八七八－一九六七）が作った「吉田学校」の末裔《まつえい》である宏池会を再興することにある。すなわち宏池会と志公会の合流「大宏池会構想」である。

「いいか、よく聞けよ。二大政党制なんてろくなもんじゃねえ。米国や英国だって上手くいってねえじゃねえか。何年かに一回、国の大方針が変われば、外交も内政もガタガタになるに決まってる。国民が困るだけだ。日本だって民主党政権で思い知っただろうが。だが、爺さん（吉田茂）も言ってたが、権力は長く続くと腐る。だから二大派閥制なんだ。宏池会と清和研が切磋琢磨《せっさたくま》して政策論争を交わし、首相を出し合う。これがベストなんだ。違うか？」

麻生太郎と親しい人は、麻生太郎のこんな台詞《せりふ》を耳にしたことがあるはずだ。自らが宏池会会長となり、首相候補を育てあげ宏池会を復興させる。これが麻生太郎の悲願なのだ。このため、第二次安倍政権発足後、八年近くにわたり、宏池会に合流を呼びかけてきた。同じく宏池会の流れを汲《く》む元総裁の谷垣禎一《たにがきさだかず》（交通事故によるけがのため政界引退）率いる有隣会《ゆうりんかい》との合流に動いたのも宏池会再興の一歩だと考えたからだ。平成二十九（二〇一七）年に、元首相の三木武夫（一九〇七－一九八八）の流れを汲む番町政策研究所（山東派《さんとうは》）と合流する際、麻生太郎が座右《ざゆう》の銘《めい》である「天下為公《てんかいこう》」から命名した「為公会」の看板を捨て、「志公会」への改名に応じたのも「どうせ近いうちに宏池会になるのだから派閥名などはどうでもよい」と考えたからだった。

元首相、池田勇人《はやと》（一八九九－一九六五）が創設した宏池会は合流と合併を繰り返してきたが、池田勇人直筆の看板を持つ岸田派はその本流だ。麻生太郎はこの看板だけは何としても手に入れたい。そこで岸田文雄に何度も大宏池会構想を持ちかけたが、雲散霧消《うんさんむしょう》してきた。もし、岸田文雄が志公会との合流に応じていれば、最大派閥である清和研と比肩《ひけん》する総勢百人の巨大派閥が誕生していた。合流後、岸田文雄は総裁候補として圧倒的な優勢を誇っていたに違いない。

麻生太郎は安倍晋三との盟友関係を何より大事にしている。宏池会を再興すれば、安倍晋三にも岸田擁立への賛同を求めたはずだ。安倍晋三も無下《むげ》には断れない。宏池会と志公会が合流した大宏池会が約百人、これに事実上の安倍派である清和研が乗れば、国会議員票の半数を制する。そうなったら菅義偉はおそらく出馬しなかっただろう。

にもかかわらず、岸田文雄は逡巡《しゅんじゅん》した。引退してもなお宏池会に大きな影響力を持つ元幹事長の古賀誠の顔色を窺《うかが》っていたからだ。そしてウジウジと返答を先延ばししているうちに、ついに麻生太郎に見限られてしまった。そもそも今回の総裁選で麻生太郎に支持を求めて会いにいく前日の八月二十九日夜に古賀誠と会食することにも、岸田文雄の政治センスを疑わざるを得ない。そんなことをすれば麻生太郎がへそを曲げるに決まっている。

そもそも麻生太郎は、菅義偉とそれほど反りが合うわけではない。第二次安倍政権以降に対立したことは一度や二度ではない。それでも麻生太郎が、菅義偉支持に動いたのは、もう一つ事情があった。自分の子分である防衛相の河野太郎が出馬に意欲を示していたからだ。麻生太郎が「派として岸田文雄を推す」と言えば、河野太郎は派を割って出馬した可能性も十分あった。そうなると麻生太郎は面目丸つぶれとなる。

だが、河野太郎は、同じ神奈川県選出ということもあり、菅義偉には並々ならぬ恩義があった。自民党が下野《げや》した直後の平成二十一（二〇〇九）年の総裁選に河野太郎に出馬を促《うなが》し、全面支援してくれたのも菅義偉だった。その恩義を忘れて総裁選で争うのか。志公会の主要メンバーが「菅義偉支持」で雪崩《なだれ》を打つ中、河野太郎は悩みに悩んだ末、出馬を思いとどまった。

清和研も同じような事情を抱えていた。元文部科学相の下村博文《しもむらはくぶん》や元防衛相の稲田朋美が出馬に意欲を示していたからだ。清和研が岸田支持でまとめようとすれば、幹事長や官房長官を歴任した細田博之にさえ、下村博文らの出馬を止めることができなかったかも知れない。菅義偉で一本化に動いたからこそ清和研は分裂を回避できたのだ。

なぜこんな事態になったのか。菅義偉は官房長官になる前から無派閥の強みを活かして、あらゆる派閥の中堅・若手をきめ細やかに面倒をみてきた。その間、岸田文雄は何をやっていたのか。宏池会の仲間たちと会合を重ねただけではなかったか。これは石破茂も同じだ。

そんな岸田文雄や石破茂を菅義偉は「身内で飯食ってても仕方ねえよな」と冷ややかに見ていた。今回の総裁選で岸田文雄が菅義偉にあっという間に突き放されたのは、日々の政治活動の積み重ねの差であり、もっとはっきり言えば政治家として「格」の差だった。

安倍「一強」はなお続く

退陣表明後の安倍晋三は何をしていたのか。八月二十八日の記者会見では「次の自民党総裁をどのように選出するかということは執行部にお任せしています。誰がということも私が申し上げることではない」「私が次の総裁選に影響力を行使しようということは全く考えておりません」と語り、その後は淡々と首相の職務をこなし、総裁選に関して表だった動きは控えた。

だが、安倍晋三は一皮むけば「政局大好き人間」なのだ。気にならないはずがない。本人たちは口をつぐむが、菅義偉も、安倍晋三が何らかのGOサインを出さなければ出馬しなかったと考えるのが常識だろう。菅義偉は安倍晋三の潰瘍性大腸炎の症状が悪化し始めた七月ごろからメディアの露出を増やすなど活動を活発化させている。義理堅い菅義偉が安倍晋三の体調不良を知っていながら、「ポスト安倍」を見据《みす》えて勝手に動くはずがない。まだ、安倍晋三は辞任の決意は固めていなかっただろうが、菅義偉に自らの病状を打ち明けた上で「もしものことがあっても石破茂に首相の座を譲るわけにはいかない。菅さんもちゃんと準備しておいてね」くらいのことは言っていても不思議ではない。

安倍晋三の退陣表明後も、文部科学相の萩生田《はぎうだ》光一ら腹心の国会議員や官僚、メディア関係者らは、何か動きがある度に安倍晋三に電話で報告している。安倍晋三も、石破茂や自民党幹部らの言動を逐一チェックすることをなお怠っていない。他派閥の領袖たちは安倍晋三の腹の内を探ろうと探りを入れ続けた。これも退陣表明した首相としては極めて異例だといえる。

持病の潰瘍性大腸炎も新薬の投与により、症状は緩和され、回復に向かいつつある。退陣後しばらくは無役となるだろうが、そう遠くない将来、自民党最大派閥である清和研の会長の座に就《つ》く公算が大きい。というより、清和研会長の細田博之はそもそも「別荘の管理人」にすぎない。「別荘のオーナー」はずいぶん前から安倍晋三であり、清和研の面々は安倍晋三の意向を忖度《そんたく》しながら動いてきた。

それだけではない。これが安倍晋三の強みなのだが、清和研以外にも、国家観や思想・

信条を共有する多数のシンパを抱えている。父、安倍晋太郎の右腕だった故加藤六月《むつき》の義理の息子である加藤勝信、元国家公安委員長の古屋圭司《ふるやけいじ》、元沖縄・北方担当相の衛藤晟一《えとうせいいち》――。「刎頸《ふんけい》の友」ながら、志《こころざし》半ばで急逝した中川昭一（財務相などを歴任、一九五三－二〇〇九）の腹心を加えれば、安倍晋三は「鶴の一声」で百五十人前後の国会議員を動かせる力をなお有しているのだ。

この数は、盟友の麻生太郎と連携するだけで自民党所属国会議員の過半数を制する力を有する。新首相になった菅義偉も、安倍晋三と盟友関係を結んでいる限り、安泰だといえ、常に政局の芽を摘《つ》むことができる。逆に言えば、安倍晋三が反旗を翻《ひるがえ》せば、政権をひっくり返すことも十分可能となる。自民党各派幹部がなお、安倍晋三の一挙手一投足に神経を尖らせる理由はここにある。

SHINZO I'm sad

外交においても、安倍晋三はなお絶大な影響力を保持するに違いない。

「Shinzo I'm sad. So sad」（晋三、俺は寂しい。とても寂しい）

八月三十一日午前十時すぎ、首相官邸の一室に米大統領、ドナルド・トランプの悲痛な声がスピーカーから響いた。安倍晋三はまず、ハリケーン「ローラ」の被害にお見舞いを伝え、八月十五日に急逝したトランプの弟、ロバート・トランプに弔意《ちょうい》を表した上でこう切り出した。

「ドナルド、残念ながら私は首相の職を辞することになった」

安倍晋三はこの後、持病の悪化により、これ以上職務を続けることが困難になったことを縷々《るる》説明すると、トランプは電話口で「Oh No」「So sad」と繰り返した。

「私とドナルドとの深い信頼関係の下で日米関係はこれまでになく強固になった。後継の首相も日米同盟を強化していく方針に変わりはないので安心して欲しい。ドナルド、本当にありがとう」

安倍晋三がこう語ると、トランプはこう応じた。

「シンゾー、君は間違いなく日本史上最高に偉大な首相（The Greatest Prime Minister）だった。そして俺たちは最高に偉大な間柄だった。君が首相だったから、私は日本への要求も随分と我慢したんだぞ。君のような偉大な首相は、もう二度と出てくることはないだろう。君は特別な男（Special man）なんだ。しっかり療養して早く健康を回復してくれ。何かあったらいつでも電話してくれ！」

トランプは電話会談直後、ツイッターにこう書き込んだ。

「今友人のアベ・シンゾーと素晴らしい会話をした。彼はまもなく首相の座を去るが、日本史上最も偉大な首相だと言われるようになるだろう。日米は過去にないほど最高の関係だ。Ｓｐｅｃｉａｌ　ｍａｎ！」

三十一日午後四時からは露大統領のウラジーミル・プーチンとも電話会談した。安倍晋三が突然の辞任を詫び、日露の関係強化への思いを語るとプーチンはこう語った。

「これからもシンゾーとの友情を大切にしたい。またお会いするのを楽しみにしている。シンゾー、アリガトウ（日本語で）」

各国首脳たちも続々と、安倍晋三を労い、謝意を表するツイートを書き込んだ。

「賢明な指導力を発揮した」（インド首相のナレンドラ・モディ）、「偉大な業績を残した」（英首相のボリス・ジョンソン）、「辞任は残念だ。安倍首相は常に我々と共通の価値観と多国間主義を掲げてきた」（独首相のアンゲラ・メルケル）、「真の友人だ」（豪首相のスコット・モリソン）、「最も大切な友人」（台湾総統の蔡英文）――。

各国首脳にこれほど退陣を惜しまれる日本の首相がかつていただろうか。裏を返せば、各国首脳が「安倍晋三は今後も国際社会で大きな発言力を有し続けるに違いない」と考えているとことの証《あかし》だといえる。

安倍晋三は外交の表舞台から姿を消すが、その影響力は今後も続く。安倍晋三が密かに外遊しても、各国要人は喜んで迎え入れるだろう。来日した各国首脳が安倍晋三に会談を求めることも少なくないはずだ。どこかの国と懸案が生じれば、安倍晋三が特使としてその国を訪問し、交渉することも十分ありえる。政府が安倍晋三の意に沿わない外交をするならば、先回りしてひっくり返すこともできないことではない。外交でも安倍「一強」を揺るがすことは難しい。

日露、日朝、憲法改正

安倍晋三は八月二十八日の記者会見でこうも述べた。

「拉致《らち》問題をこの手で解決できなかったことは痛恨の極みです。ロシアとの平和条約、また、憲法改正、志半ばで職を去ることは断腸の思いであります」

「拉致問題、日露平和条約、憲法改正はいずれも歴代政権が挑んできた大変大きな課題です。残念ながらそれぞれの課題が残ったことは痛恨の極みですが、これらは政権としてだけでなく、自由民主党としても国民の皆様にお約束した政策であり、新たな強力な体制の下、実現に向けて進んでいくものと確信しております」

安倍晋三が党規約を変えて、自民党総裁の任期を三期九年にしたのは「戦後外交の総決算」と銘打った日露、日朝交渉を自らの手でまとめるためだった。日露交渉とは、北方領土問題を解決し、ロシアと平和条約を締結すること、日朝交渉とは、拉致、核、ミサイルの問題を解決し、北朝鮮と国交正常化させることを指す。いずれも水面下ではかなりの手応えがあったが、相手国の事情もあり、頓挫してしまった。

外交は、国際情勢の変化によって突如として好機が訪れる。今後、米中対立が激化すれば、米国はロシアとの関係修復に動く可能性がある。この時は日露交渉を一気に進める好機となる。また、米大統領のドナルド・トランプは歴代大統領の中で拉致問題に最も関心を寄せている。米朝交渉が再び動き出せば、拉致問題を含む日朝交渉も再び動き出す可能性がある。安倍晋三はそれをなお虎視眈々《こしたんたん》と狙っている。ここぞと思う好機が訪れれば、自ら交渉に動くとみてよい。

三つめの課題である憲法改正は、祖父で元首相の岸信介（一八九六－一九八七）の代からの悲願である。これは強力な力を有する首相が長期政権を敷き、政権を賭ける熱意を持って取り組まなければなしえない。では新たに首相に就任する菅義偉がやるだろうか。おそらく否だろう。その次に控える岸田文雄にしても、河野太郎にしても、外相の茂木敏充《もてぎとしみつ》にしても憲法改正に対する強い熱意はそれほど感じられない。

では、安倍晋三はどうするつもりなのか。その次の世代を育てるしかない。文科相の萩生田光一、経済再生相の西村康稔、厚生労働相の加藤勝信——。さらにその下の世代で、憲法改正に情熱を傾ける政治家を育てていくことも安倍晋三の重要な仕事となる。

九月二十一日に安倍晋三は六十六歳になった。まだ六十歳代半ばではあるが、もしすべての政治目標を成就させていたならば、なお政治的野心を燃やしただろうか。小泉純一郎は郵政民営化の是非を問うて衆院を解散し、絶大な権力を得たが、郵政民営化を果たした後は「燃え尽き症候群」となり、次の衆院選を機にあっさり引退してしまった。

安倍晋三も、三つの課題を達成してしてしまっていたら、残りの人生を悠々自適に過ごしたかも知れない。だが、安倍晋三が積み残した三つの政治課題は余りに大きく、本人は「痛恨の極み」と感じ、「断腸の思い」を引きずっている。「このまま政治生活を終えるわけにはいかない」。そう思っているからこそ、安倍「一強」は今後も続くと断じてよい。

第二章

菅新政権誕生

菅義偉新総裁

九月十四日午後、東京都港区のグランドプリンスホテル新高輪《しんたかなわ》で両院議員総会による略式の自民党総裁選が開かれた。

立候補したのは菅義偉《すがよしひで》、岸田文雄、石破茂の三人。投票総数は、党所属の国会議員票（各一票、計三百九十三票＝一人棄権）と四十七都道府県の地方票（各三票、計百四十一票）の計五百三十四票。投開票の結果、「安倍路線の継承」を掲げた菅義偉が三百七十七票（議員票二百八十八票、地方票八十九票）を獲得し、岸田文雄八十九票（議員票七十九票、地方票十票）、石破茂（議員票二十六票、地方票四十二票）に大差を付けて第二十六代自民党総裁に選出された。議員票の七二・三％、地方票の六三・一％、総数で七〇・六％を獲得する大勝だった。

投開票の最中、安倍晋三は麻生太郎の隣に座り、無言で壇上を見つめ続けた。自らが総裁に返り咲いた八年前のあの日を思い出していたのだろうか。総裁選管理委員長の野田毅《たけし》が開票結果を読み上げると会場はどよめいた。菅義偉はすっくと立ち上がり、にこりとも

せずに四方にお辞儀をし、両手を掲げた。万雷《ばんらい》の拍手が湧いた。

この直後、安倍晋三は壇上に上がるよう促《うなが》され、総裁として最後のあいさつに立った。

「まずはじめに安倍政権に大変なご協力をいただきながら任期途中の辞任となることを皆様に心よりお詫び申し上げます。急な総裁選となる中、二階幹事長を中心に整然と総裁選を挙行してしてくださった執行部のみなさま、同僚議員のみなさま、すべての自民党員のみなさまに熱く御礼を申し上げたい。何よりもこの厳しい状況の中で覚悟と勇気を持って立候補して下さった三人の候補者に心から感謝申し上げたい」

「日本を取り戻す思いの下《もと》、みなさんとともに政権を奪還し、みんなが夢に向かって進んでいくことができる日本を、世界の真ん中に輝く日本を目指し、全力を尽くして参りました。残念ながら残された課題もありますが、皆様とともに困難な課題に挑戦し、熱き戦いを繰り広げることができたことは私の誇りであります」

「私たちの戦いはまだ続きます。本日、総裁のバトンを菅義偉新総裁に渡します。この七年八カ月間、官房長官として、国のため、人のために黙々と汗を流してきた菅さんの姿を私はずっと見てまいりました。この人なら間違いない。令和時代に最もふさわしい新総裁ではないでしょうか。さあみなさん、菅義偉新総裁を先頭に、コロナ禍を乗り越えて輝く日本を築き上げていこうではありませんか」

菅義偉の目に涙が光った。万雷の拍手はいつまでも鳴り止まなかった。次にあいさつに立った菅義偉はこう語った。

「ただいま新総裁に選出いただきました菅義偉であります。まず、自民党総裁として約八年間、内閣総理大臣として七年八カ月にわたって国家・国民のために大変ご尽力をいただいた安倍内閣総理大臣に心から感謝を申し上げます。ぜひみなさんご一緒に万雷の拍手をお願い申し上げます」

会場は総立ちとなり、再び大きな拍手が沸いた。菅義偉と安倍晋三はがっちりと握手を交《か》わした。こんなにすがすがしい総裁のバトンタッチは極めて珍しい。菅義偉は最後をこう締めくくった。

「私は秋田の農家の長男として生まれました。地縁も血縁もない政治の世界に飛び込んで、まさにゼロからのスタートでした、その私が歴史と伝統のある自由民主党総裁に就任することができました。私自身のすべてを傾注して、日本のため、国民のために働くことをお誓いして私の挨拶とさせていただきます。ありがとうございました」

「安倍しかいない」

「なあ、色々考えたけど、次はやっぱり安倍さんしかいないだろ。そうでないと自民党はいつまで経っても政権を奪い返せない。このままでは日本は終わってしまう」

平成二十四（二〇一二）年一月ごろだったか。九月に予定される総裁選の半年以上前だったことは間違いない。衆院第二議員会館の菅義偉事務所をひょっこり訪ねた私に菅義偉は唐突に切り出した。

潰瘍性《かいようせい》大腸炎の悪化により、第一次政権をわずか一年で手放した安倍晋三は当時、永田町では「過去の人」扱いされていた。私が「それはうれしいけど、森（喜朗《よしろう》）さんは『うん』と言わないでしょ。派閥横断型で安倍シンパを集めても谷垣《たにがき》（当時の自民党総裁）さんらに勝てるかどうか。党員票だって厳しい。負けたら安倍さんは本当にお終《しま》いになりますよ」と答えると、菅義偉はぎょろりと目を見開いてこう断じた。

「いや、安倍さんしかいない。政権を奪い返して日本を立て直すには、安倍さんしかいないだろ」

当時の日本は絶望の淵にあった。民主党政権の無為無策により、超円高となり景気はどん底。米海兵隊の普天間《ふてんま》飛行場移設問題の迷走により、日米同盟は風前《ふうぜん》の灯火《ともしび》だった。日本の国際的地位は凋落《ちょうらく》し、中国は尖閣諸島を実効支配すべく虎視眈々《こしたんたん》と狙っていた。にもかかわらず、谷垣禎一《さだかず》率いる野党自民党は、菅直人《かんなおと》内閣で官房長官を務めた仙谷由人《せんごくよしと》（一九四六ー二〇一八）の口車に乗り、民主党との大連立を模索していた。

菅義偉は寡黙《かもく》な男だ。「ちょっと飯でも食おうよ」と気さくに誘ってくれるが、こちらの意見を聞くばかりでなかなか本音を明かさない。だが、一度口に出したことは絶対に引っ込めない。実現に向け、即座に実行に移す。この時も早かった。「安倍しかいない」と腹を固めるやいなや動き出し、やや自信喪失となっていた安倍晋三を鼓舞するとともに、派閥を無視して中堅・若手を説得し、安倍シンパを広げていった。

私はこの年八月一日に政治部次長（デスク）から九州総局長に異動となった。私は上司や役員に「九月の自民党総裁選で安倍晋三が最後の勝負に出る。なんとかこれを見届けさせてもらえませんか。赴任を二カ月延ばすだけでいい。それさえ終われば北海道でも沖縄でもどこへでも行きますよ」と掛け合ったが、ダメだった。産経新聞でさえ安倍晋三の復活など信じていなかったのだ。実際には、この時期には、菅義偉の説得により、安倍陣営には甘利明《あまりあきら》（現党税調会長）や元幹事長の中川秀直《ひでなお》が子分を引き連れて参集しつつあった。故中川昭一の子分たちも安倍支持で動き出し、そこそこの勢力になりつつあった。

総裁選が迫った八月中旬のある日、菅義偉は密かに福岡入りした。「ちょっとお茶でも飲もう」と誘われ、福岡・天神のホテルの喫茶店に入ったが、大入り満員だった。仕方なしに廊下のような隅の席に二人で腰掛け、コーヒーを頼むと、菅義偉はこう切り出した。

「この総裁選は勝てるよ。安倍陣営に来ている面々は覚悟が違う。今は石破茂が優勢だろうが、最後は勝てる」

私が「麻生さんが支持してくれるかどうかがカギですね」と言うと菅義偉は黙ってうなずいた。「安倍さんが返り咲いたらおそらく菅さんは官房長官だ。僕が福岡にいる間はもう会えないかも知れませんね。しっかり支えてくださいよ」と言うと、「気が早いよ。とにかく勝つことだ」と笑って別れた。

秋田の農家の長男坊

平成二十四（二〇一二）九月の総裁選で石破茂らを破り、自民党総裁となった安倍晋三は、同年十二月の衆院選で、首相の野田佳彦《よしひこ》率いる民主党に大勝し、首相に返り咲いた。最大の功労者は間違いなく菅義偉だった。政権奪回後、菅義偉は私の予想通り官房長官となり、「女房役」「内閣の要」「縁の下の力持ち」として七年八カ月もの長期政権を支え続けた。安倍晋三は妻の昭恵にこう言われたことがある。「あなたが官房長官だった時に、菅さんがやっているように小泉首相に尽くしたかしら？」。安倍晋三は苦笑いするしかなかった。

その菅義偉は、安倍晋三の退陣を受け、令和二（二〇二〇）年九月十六日、衆参両院の首班指名選挙により第九十九代首相となった。一体どういう男なのか。

酒は飲まない。煙草《たばこ》も吸わない。午前六時前に起き、ウォーキングを欠かさない。朝昼晩の食事は、政治家、官僚、財界関係者、メディア関係者らと会食し、食事はそっちのけで政局、経済、外交などあらゆる分野の情報を吸収しようとする。官房長官在任中は赤坂の議員宿舎と首相官邸を往復する生活で、地元の横浜にもほとんど帰らなかった。要するに寝ている時以外はずっと働き続ける男なのだ。ワーカーホリックと言ってもよい。

菅義偉は元々、小柄ながら恰幅《かっぷく》がよかった。自民党が下野《げや》している六十一歳の時に人間ドックに行くと医師に痩せるように勧められ、一念発起してダイエットを始めた。それからは徹底している。朝食は妻、真理子が作った野菜カレースープのみ。昼も夜も野菜しか食べない。この時期に食事に何度か誘われたが、「ここのステーキは上手いよ」などと勧めながら、自分は野菜スティックをウサギのようにポリポリとかじるだけだった。七十六キロあった体重は四カ月で六十二キロに激減し、自宅のインターホン越しに菅義偉の姿を見た妻の真理子が「どなたですか」というほど容姿も変わった。永田町で重病説が流れたため、過激なダイエットはやめたが、引き締まった体型はその後もずっと維持している。

菅義偉は昭和二十三（一九四八）年十二月六日、秋田県雄勝《おがち》郡秋ノ宮村（現湯沢市）にイチゴ農家の長男として生まれた。安倍晋三より六歳年長だ。地元の小、中学校から進学校である県立湯沢高校に進学した。父、菅和三郎《わさぶろう》は地元の農業大学校に行って農家を継ぐよう勧めたが、菅義偉はこれを拒み、高校卒業と同時に家出同然で上京した。

父、菅和三郎（一九一八－二〇一〇）は戦前、満鉄職員として満州に渡り、満州国の最後の首都となった通化《つうか》市で終戦を迎えた。引き揚げ後、郷里の秋ノ宮村に戻り、イチゴ栽培を始めた。戦後、イチゴケーキなど洋菓子が流行《はや》り始めたことに目をつけ、「冬場の出稼ぎ対策になる」と考えたのだ。近所の農家にも生産を奨励し、「秋の宮いちご」とブランド化したが、地元農協と対立すると、自ら「秋の宮いちご生産出荷組合」を発足させ、組合長として販路を拡大した。雄勝町議を四期務め、農閑期の働き口としてモーター組み立て工場「和三郎製作所」を作ったこともある。母、タツや叔父、叔母は元教員で、菅義偉の二人の姉も高校教諭だった。

このように菅和三郎は地元の名士だったが、菅義偉は「親父の敷いたレールの上を走る人生はまっぴらご免だ」と思った。集団就職で一足先に上京した中学校の同級生らに東京の話を聞き、「東京に行けば何かが変わる」と思ったようだが、現実は厳しかった。東京都板橋区の段ボール工場に勤めるが、二カ月で退職し、その後は築地市場や飲食店などでアルバイトをしながら二年遅れで法政大学法学部に進学した。入学後も夜は警備員やカレー店などでアルバイトをして学費と生活費を捻出《ねんしゅつ》する苦しい生活だった。

それでも菅義偉にとって東京での大学生活は充実したものだった。入学と同時に法政大の剛柔流《ごうじゅう》空手部に入り、校舎の屋上などで週六日間稽古を続けた。最終的に第十代副将を務め、三段を取得した。キャンパスでは年中、学生服姿で過ごしたという。

昭和四十八（一九七三）年に大学卒業後は電気通信設備会社に就職したが、「人生を政治に賭けたい」という思いが募り、二年で退職し、法政大学ＯＢ会事務局長の伝《つて》を頼って自民党で通産相などを歴任した故小此木彦三郎《おこのぎひこさぶろう》（一九二八－一九九一）の秘書となった。この時期に小此木家で家事手伝いをしていた妻、真理子と知り合い、結婚した。

菅義偉は昭和六十二（一九八七）年、十一年間務めた小此木事務所に辞表を出し、横浜市議選に挑戦した。三十八歳だった。地縁も血縁もなかったが、持ち前の馬力で朝から晩まで数百件以上も各戸や事業所を回り、初当選を果たした。当選後は秘書時代に培《つちか》った永田町や地元財界とのパイプをフルに活かし、数年のうちに横浜市議会でも実力派として知られるようになった。

だが、国政の壁は高かった。中選挙区制で横浜市は神奈川一区と四区だったが、市議が挑戦するにはエリアが広すぎた。神奈川一区選出の小此木彦三郎は平成三（一九九一）年十一月、衆院議員会館の階段からの転落事故が元で亡くなったが、三男の小此木八郎が地盤を継いで当選しており、ここで挑戦すれば、恩を仇《あだ》で返すことになりかねない。

そんな中、好機が訪れた。政治改革をめぐり、自民党は分裂し、平成五（一九九三）年に細川護熙《もりひろ》の連立政権が発足した。翌六（一九九四）年に政治改革四法が成立し、衆院に小選挙区比例代表並立制が導入された。菅義偉はすかさず、平成八（一九九六）年十月の衆院選に神奈川二区から自民党公認で出馬し、新進党公認の上田晃弘《あきひろ》、旧民主党公認の大《お》出《お》彰《いであきら》らを破り、初当選を果たした。

最大のライバルだった上田晃弘は公明党出身だったため、菅義偉は選挙期間中に激しい創価学会批判を繰り広げた。街宣車に自転車で体当たりされるなど数々の選挙妨害を受けたが、上田晃弘を破って初当選を果たした。今の菅義偉は、創価学会で「政治部長」の異名を持つ副会長の佐藤浩と太いパイプを持つことで知られるが、「敵対する相手には容赦しない」という過去の武勇伝があったからこそ、この関係を築けたともいえる。

菅義偉は元々寡黙な男だが、秋田で父母と過ごした幼少期や秘書時代、市議時代については多くを語ろうとしなかった。こちらから質問しても「ああ」「うん」「色々あったな」などと言葉を濁した。自著『政治家の覚悟』（文藝春秋）でも衆院議員になるまでの軌跡については数行触れた程度だ。

菅義偉の下積み時代はなかなかの立志伝だと思うが、安倍晋三や麻生太郎らきらびやかな閨閥《けいばつ》を誇る面々を前に、密かに劣等感を抱いていたのかも知れない。「やっぱり安倍さんや麻生さんは違うな。幼いころから政治の世界を間近に見て育っただけに、外国首脳とも身構えることなく振る舞い、ジョークまで交わすんだからな」と感心するのを聞いたことがある。「農家の倅《せがれ》には裏方が一番似合っている」と思っていたのだろう。

それだけに、先の総裁選で「秋田の農家の倅」を前面に出したのには驚いた。過去を遡《さかのぼ》ると、自民党は、小泉純一郎、安倍晋三、福田康夫、麻生太郎、谷垣禎一、そして安倍晋三と二十年近く世襲議員が総裁のバトンをつないできた。対立候補の岸田文雄、石破茂も世襲議員だ。菅義偉はそんな自民党の世襲支配に対する世間の冷ややかな視線を感じ取ったのではないか。「今こそ、秋田生まれの『叩き上げ人生』が武器になる」。そう踏んだのだろう。

師・梶山静六の教え

衆院議員となった菅義偉は平成研究会（当時は小渕派）に所属した。師と仰いだのは、当時の首相、橋本龍太郎の下で官房長官を務めていた梶山静六だった。陸軍航空士官学校卒で、石材業を営みながら県議を経て衆院議員となった梶山静六は、菅義偉と同じような苦労人だった。だからこそギラギラしていて行動力のある菅義偉を目にかけ、政治のイロハを伝授したのだろう。今も菅義偉の言動の節々に梶山静六の教えが色濃く残っている。

「真の政治主導とは、官僚を使いこなしながら、国民の声を国会に反映させつつ、国益を最大限増大させることです」

菅義偉は自著の『政治家の覚悟』にこう記している。これは師と仰ぐ梶山静六の教えを踏襲したものだ。梶山静六は「官僚は説明の天才だから政治家はすぐに丸め込まれるぞ。

お前には、俺が学者や経済人、マスコミを紹介してやる。その人たちの意見をよく聞いた上で官僚の説明を聞き、自分で判断できるようにしろ。官僚は優秀だ。彼らを上手に使え」と自らの官僚操作術を伝授した。梶山静六はこうも説いた。

「政治家の仕事は国民に食い扶持《ぶち》を与えることだ。だが、お前は大変な時代に政治家になったな。国全体が成長している時、与党の政治家が国民から支持を得ることはさほど難しくない。俺はそんないい時代の政治家だった。だが、これからは人口が減少し、それだけでデフレになる。国民に負担を強《し》いる政策が必要になってくる。与党の政治家は国民に対し、その政策の必要性を説明し、理解をしてもらわなきゃならん。国民からは政治に対する厳しい批判が出てくるだろう。だからと言って問題解決を先送りしたら、この国は潰《つぶ》れてしまう。これからの政治は覚悟が必要だ。頑張れ」

菅義偉はこの教えを固く守り、実践してきた。政治は結果がすべてだ。だからいくら弁舌爽やかでも実行力のない政治家は一切評価しない。官僚に対しても理屈ではなく結果を求める。口に出したことは絶対にやる。これが信条だ。官僚がどんなに分厚い資料を用意しても、ゼロ回答だったら資料を読もうとさえしない。逆に「おっしゃる通りの形ではありませんが、このような形ならば」と前向きな提案してくる官僚は高く評価する。信賞必罰もはっきりしている。

第一次安倍政権で総務相を務めた際に導入した「ふるさと納税」制度もそうだった。自らの境遇を重ね、「自分を育て、親が暮らす郷里に何らかの形で恩返ししたいと思っている地方出身者はたくさんいるはずだ」と長く温めてきた構想だったが、総務省の旧自治官僚はこぞって反対した。「受益者負担の原則に反する」「ふるさととの定義がはっきりしない」――。これが菅義偉の闘争心に火を付けた。

税や法制度などの専門家を集めた「ふるさと納税研究会」を立ち上げて対抗し、個人住民税の寄付金控除の対象とする制度にすることで決着させた。菅義偉の税制改革はこれに留まらず、法人事業税と法人住民税の「法人二税」改革に取り組み、大都市の税収の一部を地方法人特別譲与税という形で地方に移し、税制格差を解消させた。それでも抵抗する官僚は容赦なく切り捨てた。

官僚から鍵束を奪う

このような官僚操作術は第二次安倍政権で官房長官になると磨きをかけた。

首相官邸は絶大な権限を有するが、初めて官邸入りした首相には公約を実現する術《すべ》が分からない。小さな施策を一つやるにも、どの省庁のどのセクションを動かせばよいのか、その鍵穴が分からないのだ。困り果てた新任首相の下に、にこやかに近づいてくるのが財務官僚だ。そして大きな鍵束を取り出し「実はここの鍵穴を回すと動くんですよ。私がやりましょう」と言いながら、瞬く間に施策を実現する。首相の意向を汲《く》み取って予算も編成してくれる。目玉となる政策も用意してくれる。「これはありがたい。さすが財務官僚は優秀だな」と思っているうちに首相は段々と財務省の言いなりとなっていく。そして最後に財務官僚はこう言う。

「お駄賃として消費税を上げてくれませんか。そうすれば、もっと大きな鍵を開けて差し上げます」

官僚操作術を知らない政権は往々にしてこうなる。「政治主導」を高らかに掲げて政権交代した民主党政権がまさにそうだった。鳩山由紀夫、菅直人、野田佳彦の三人の首相はすぐに財務官僚の言いなりとなった。財務官僚はさぞ、ほくそ笑んだことだろう。

小泉純一郎が首相だった際も、郵政民営化を達成するために最も協力したのは財務省だった。小泉純一郎も財務官僚を重用し続けた。こうして、衆院解散までやって抵抗勢力を一掃し、郵政民営化という悲願を達成した小泉純一郎に、財務官僚はもみ手すり手で近づき、消費増税を懇願した。ところが、小泉純一郎はにべもなかった。

「まだ、消費税を上げる時期ではない」。理由を問われるとこう答えた。「俺の勘だ！」。散々、財務省を利用したあげく「勘」の一言で片づけてしまう小泉純一郎の非情さには感心してしまうが、あの時の財務官僚の落胆ぶりは傍目《はため》でも気の毒なほどだった。

だが、菅義偉は違う。七年八カ月も官房長官を務める間に官僚から鍵束を奪ってしまったのだ。どの省庁の誰を使えば、施策が動くかすべて知り尽くしている。こんな男が首相になることは久しくなかった。吉田茂、岸信介、池田勇人《はやと》、佐藤栄作、中曽根康弘――。長期政権を敷いた歴代首相がいずれも官僚出身だったのは、鍵穴を開ける鍵のありかを知っていたからだ。党人派にもかかわらず、官僚から鍵束を奪って首相になったのは菅義偉が初めてではないか。だからこそ菅義偉政権は本格的な長期政権となると踏んでいるのだ。

官房長官だった菅義偉の下で秘書官を務めた財務省主計局長の矢野康治《こうじ》はかつてこう語った。

「いやー、菅長官は聞きしにまさる人ですね。あんな意志の塊《かたまり》みたいな人には初めて会いましたよ。まさに意志の塊ですよ」

「鳥の目」「虫の目」

「鳥の目」「虫の目」という言葉がある。

安倍晋三は「鳥の目」を持つ政治家だといえる。大鳥のように空高く舞い、地形や風を把握しながら施策を講じる。外交・安全保障に「鳥の目」は欠かせない。経済政策も、アベノミクスの「大胆な金融緩和」「機動的な財政政策」「規制緩和による成長戦略」という三本の矢も、マクロ経済という「鳥の目」視線から生まれたものだった。

これに対して、菅義偉は「虫の目」を持つ政治家だ。国民・庶民の小さな意向を汲み取り、それを実現させるために動く。そのために邪魔な虫を追い払い、小枝を払い、それでダメなら大なたを振るう、大木を倒してしまう。この「鳥の目」と「虫の目」の絶妙なコンビネーションが第二次安倍政権を長期政権に導いたといえる。

菅義偉が総裁選で掲げた公約はいずれも「虫の目」だ。携帯電話料金の値下げ、NHK受信料の値下げ、不妊治療への保険適用、オンライン診療の恒久化。いずれも国民目線から出た施策だ。だが、いざ実行しようと思うと省庁や業界団体などの抵抗が根強く長く棚ざらしにされてきた懸案だ。

デジタル庁創設も「虫の目」の発想から生まれた。日本国民は、結婚、転職、死別などの度に様々な役所に足を運び、似たような書類を提出しなければならない。国税庁、厚労省、警察庁、地方自治体などがそれぞれにビッグデータを管理・運営し、他省庁に譲らないからだ。「各省庁のビッグデータに横串を刺し、マイナンバーカード一枚で簡単に手続きをできないか」。これが内閣直轄《ちょっかつ》のデジタル庁構想の原点だ。これを柱に制度設計し、5Gの先にある6G、7Gを見据《みす》えた高速通信網整備やサイバーセキュリティーなどを進める考えなのだ。これもおそらく省庁や業界団体の激しい抵抗が予想されるが、菅義偉が簡単に諦めるはずがない。行革担当相に任命した河野太郎を前面に押し出して露払いをさせ、小泉純一郎ばりの改革路線を推し進めるだろう。

では、安倍晋三が去った首相官邸で誰が「鳥の目」となるのか。やはり一議員となった安倍晋三がアドバイザーとなるしかあるまい。国家安全保障局長に、安倍晋三の腹心である警察官僚で前内閣情報官の北村滋《しげる》を留任させたのはその証左だといえる。外相に再任された茂木敏充《もてぎとしみつ》が「鳥の目」となり、「虫の目」の菅義偉をいかにサポートできるかも重要となる。

ただ、菅義偉内閣には重大な欠陥が一つある。菅義偉に代わる「内閣の要」となる官房長官がいないことだ。新たに官房長官に任命された加藤勝信は、元大蔵官僚だけに各省庁の調整は上手くやれるだろう。一日二回の記者会見もそつなくこなすはずだ。だが、菅義偉のように硬軟使い分けながら官僚を操作できるかは疑問符が付く。果たして官僚から鍵束を奪えるのか。与党幹部との折衝もどこまでやれるか。まさか菅義偉はその辺の調整まで、すべて自分でやろうとしているのではあるまいか。

安倍晋三と菅義偉の出会い

「鳥の目」の安倍晋三と「虫の目」の菅義偉は、出自《しゅつじ》も、派閥も、政治手法も全く異なる。二人の固い絆《きずな》はどこから生まれたのか。

安倍晋三は菅義偉よりも六歳年下だが、当選は菅義偉より一期早い。安倍晋三は、反主流の清和研《せいわけん》（当時は三塚《みつづか》派）に所属しており、若手議員の頃は、野中広務《ひろむ》（官房長官などを歴任、一九二五―二〇一八）らが牛耳《ぎゅうじ》っている党執行部と事あるごとに対立してきた。当然、平成研の若手と交流はほとんどなく、菅義偉とは何の接点もなかった。

二人が親しくなるきっかけは、安倍晋三が、盟友の中川昭一とともに平成九（一九九七）

年に発足させた「日本の前途と歴史教育を考える議員の会」（歴史教科書議連）だった。慰安婦問題や南京事件などに関する歴史教科書の記述を正すための保守色の強い議員連盟だ。野中広務らが進める親中・親北朝鮮路線への露骨な反抗でもあったため、当時の党執行部からさまざまな圧力を受けながら細々と活動を続けていた。

その会合に菅義偉がひょっこり顔を出したのだ。安倍晋三は「なんで平成研の奴が来てるんだ。もしかしてスパイなのか」といぶかっていたが、菅義偉は会合後に安倍晋三を訪ね、「いや〜、今の歴史教科書がこんなに酷《ひど》いとは思わなかった。これは何とかしないといけませんね」と言い、その後ちょくちょく会合に顔を出すようになった。

「変人、軍人、凡人」と揶揄《やゆ》される小渕恵三《おぶちけいぞう》（元首相、一九三七－二〇〇〇）、梶山静六、小泉純一郎の三つ巴《どもえ》の争いとなった平成十（一九九八）年の総裁選で、菅義偉は梶山静六を担《かつ》いで奔走し、野中広務の「絶対許せない」リストに載ると、何のためらいもなく平成研を脱会した。これを機にますます安倍晋三と親交を深めるようになった。

平成十三（二〇〇一）年四月の総裁選で小泉純一郎が首相になると、安倍晋三は官房副長官、幹事長、幹事長代理、官房長官――と着々と出世街道を歩み出したが、菅義偉は裏で安倍晋三を支え続けた。経産政務官になると「北朝鮮経済制裁シミュレーションチーム」

の座長になるとともに、自民党若手議員とともに「対北朝鮮外交カードを考える会」を発足させ、貨客船「万景峰号《マンギョンボン》」の入港禁止に向け、特定船舶入港禁止法案や、北朝鮮への高級品や送金を禁止する外為法《がいためほう》改正案を議員立法で成立させた。

平成十八（二〇〇六）年九月の総裁選の前にも、菅義偉は、安倍晋三の支持層を固めるべく中堅・若手のまとめ役として走り回った。安倍晋三は菅義偉の行動力と迅速さに舌を巻き、友情はさらに深まった。第一次、第二次ともに菅義偉がいなければ、安倍政権は誕生していなかったと言っても過言ではない。

同年九月に第一次安倍政権が発足すると、菅義偉は総務相として初入閣し、ふるさと納税制度だけでなく、地方分権改革推進法制定、デジタル放送日本方式の南米への売り込みなどを次々と実行に移した。朝鮮総連に対する固定資産税減免措置の見直しや、拉致《らち》被害者救出のためのラジオ放送「しおかぜ」の電波取得なども、安倍晋三と二人三脚で強力に推し進めた。初入閣の閣僚がたった一年でやったとは思えないほどの成果だった。

この頃には政界で菅義偉の「豪腕」を知らない者はいなくなった。平成十九（二〇〇七）年九月、安倍晋三が病に倒れて退陣すると、総裁選では、主要各派の支持を得た福田康夫ではなく、安倍晋三の盟友である麻生太郎を推し、奔走した。麻生太郎は予想以上の得票をしつつも敗れたが、選対委員長となった古賀誠は、菅義偉を選対副委員長に起用した。「菅義偉を敵に回すべきではない」と考えたのだろう。古賀誠は自民党本部四階の選対委員長室を菅義偉に譲り、自分は横の会議室を使う気の使いようだった。ここで菅義偉は全国の選挙区事情などを把握し、選挙に関する知見を得た。この時の経験は第二次安倍政権で大いに活かされることになった。

第三章
歴代最長政権の七年八カ月

シンゾー&ドナルド

ここで安倍晋三の話に戻そう。平成二十四（二〇一二）年の政権奪還から七年八カ月。安倍晋三の最大の功績は、民主党政権が失墜《しっつい》させた国際社会での日本の地位を飛躍的に向上させたことにある。

平成二十八（二〇一六）年五月のG7サミット（主要国首脳会議）や、令和元（二〇一九）年六月のG20サミット（主要二十カ国・地域首脳会合）を成功させただけでなく、東京五輪・パラリンピックや、令和七（二〇二五）年の大阪万博も招致した。

だが、最も重要な成果は、日米同盟をかつてないほど強固にしたことだ。米民主党の大統領、バラク・オバマは安倍晋三を「歴史修正主義者」と見下しており、当初は日米同盟よりも米中関係を優先させていた。こんな男に日米同盟の重要性を再認識させ、平成二十六（二〇一四）年四月二十四日の日米首脳会談では「尖閣諸島は日米安保条約第五条の適用対象だ」「力による現状変更を認めない」との言質《げんち》を引き出した意義は大きい。

平成二十八（二〇一六）年のG7サミット後の五月二十七日には、オバマとともに被爆地・広島を訪れ、慰霊碑に献花し、世界に向けて平和のメッセージを発した。安倍晋三は半年後の十二月二十七日、返礼として米ハワイの真珠湾の追悼施設「アリゾナ記念館」を訪れ、献花した上で真珠湾攻撃の犠牲者に哀悼《あいとう》の意を表した。これで日米の「戦後」はピリオドを打った。

だが、それ以上の功績は平成二十九（二〇一七）年一月、米大統領に就任したドナルド・トランプと固い友情を結んだことにある。

きっかけは平成二十八（二〇一六）年十一月、大統領選に勝利したばかりのトランプとの初会談だった。米ニューヨークのトランプタワーを訪問した安倍晋三はトランプにこう切り出した。

「私とあなたは共通点が一つある。あなたはニューヨークタイムズに徹底的に叩かれた。私も、ニューヨークタイムズと提携している日本の朝日新聞に徹底的に叩かれた。だが、勝った」

これを聞くとトランプはニコリと笑い、「俺も勝った！」と親指を突き出した。「こいつとなら上手くやっていける」と思ったのだろう。トランプは大統領就任直後の平成二十九（二〇一七）年二月九〜十二日、自分が所有する米フロリダ州パームビーチの会員制リゾート施設「マールアラーゴ」に安倍晋三を招待し、ゴルフや会食でもてなした。

まさに破格の対応だった。二日間以上にわたって安倍晋三は寝るとき以外はトランプとともに過ごし、世界情勢に関する自らの見解を伝え、日米同盟がアジア・太平洋の安全保障の要になることを訴えた。さらに南シナ海、東シナ海だけでなく太平洋にも触手を伸ばす中国がいかに安全保障上の脅威となっているかを説《と》いた。中国の知的財産権侵害など経済面の脅威についても具体的な事例を挙げつつレクチャーした。その後、日米が共有することになる「自由で開かれたインド太平洋」戦略の原型はマールアラーゴで生まれたと言ってよい。

中国国家主席の習近平はよほど悔しかったに違いない。二カ月後の四月に習近平が訪米した際、トランプはマールアラーゴに招いた。中国側は、習近平はホワイトハウスでの会談を望み、マールアラーゴ入りは躊躇《ちゅうちょ》したと報じられたが、事実と違う。習近平がマールアラーゴでの滞在を切望したのだ。

その後、トランプは、安倍晋三と会談した際、「シンゾーの言う通りだった。米国にとって最大の脅威は中国だ」と断じた。さらにこんなことを言い出した。

「ところでシンゾー、先の大戦で日本軍はずいぶん残虐だったそうじゃないか」。安倍晋三が「一体誰がそんなことを言ったのか」と尋ねると、トランプは「習近平だ。あの中国を相手に残虐なことをやるなんて日本は凄いじゃないか」となぜか前向きに評価していた。安倍晋三が「戦前の日本はロシアとも戦争した」と言うと、トランプは「えっ、ロシアとも戦ったのか?」と驚き、「で、どっちが勝ったんだ?」と訊いてきた。「日本が勝った」と言うと「えっ、勝ったのか。日本は凄いな」とさらに驚いた。米国人の戦前の日本についての認識はこの程度なのだ。

トランプはこんなことも言った。

「シンゾーはウオーリアー(勇士)だ。グレート・ウオーリアーだ。文在寅《ムンジェイン》のようなウイーク(弱虫)な奴とは違う。平和、平和と唱えて大統領に当選したような奴はダメだ」

破天荒なトランプの登場により、G7サミット(主要国首脳会議)は大混乱に陥《おちい》った。特にトランプは、独首相のアンゲラ・メルケルや仏大統領のエマニュエル・マクロンと事あるごとに対立し、会議が中断した。その度に各国首脳は「シンゾーはどうなんだ?」と安倍晋三の方を一斉に向いた。そこで安倍晋三が自分の考えを述べると、トランプも「シンゾーがそういうなら仕方ない」と矛《ほこ》を収めた。まるで「大岡裁き」のようではないか。ここ数年のG7サミットや主要二十カ国・地域首脳会議(G20サミット)は安倍晋三が事実上の議長役を務めたと言ってよい。

「日本の外交力の強化」。これは安倍晋三の積年の夢だった。平成二十九（二〇一七）年に自民党の総裁任期を二期六年から三期九年に延長したのも「二期六年では国際社会で相手にされない」と思い知ったからだった。

国際社会では、どの国の首脳も最初の一年間は「見習い期間」として発言権はほとんどない。他国の首脳はまるで品定めのように新任の首脳をジロジロとみるだけで胸襟《きょうきん》を開いて話そうとはしない。任期最後の一年も「どうせ来年はいない」と見られて相手にされない。つまり二期六年では、真ん中の四年間しかまともな外交はできないのだ。一年ごとに首相が変わるのは外交を放棄したに等しい。

米大統領の任期は二期八年。ドイツの首相は任期四年だが、多選制限はなくメルケルは二〇〇五年九月から十五年以上首相を続けている。民主主義国家かどうか怪しいが、ロシアのウラジーミル・プーチンは、二〇〇〇年から八年間大統領を務めた後、首相を経て二〇一二年に返り咲き、通算十六年以上も大統領の座にいる。憲法改正により、さらに延びる公算だ。中国は二〇一八年に国家主席の任期（二期十年）を撤廃し、習近平は終身居座ることができるようになった。

安倍晋三の外交の根幹は安全保障にある。日米同盟を基軸とした「地球儀を俯瞰《ふかん》する外交」は、さらに一歩進めてインド太平洋戦略となり、日米印豪などで共有されるようになった。これは中国の軍事的・経済的な拡張を封じ込める意味合いがある。第二次安倍政権発足当初、中国は日本を徹底的に排斥しようとしたが、安倍晋三の対中包囲網がジワジワと狭まっていくに従って態度を軟化させてきた。習近平は平成三十（二〇一八）年十月の安倍晋三との首脳会談でついに「日中関係は正常な軌道に戻った」と認めざるを得なかった。

こうした外交は長期政権でなければ不可能だ。安倍晋三はそう考えて首相の標準任期を九年にしようと試みたのだ。後任の菅義偉《すがよしひで》は外交について素人《しろうと》呼ばわりされているが、安倍外交の要諦《ようてい》を最も理解している政治家だといえる。今後、菅義偉がいかに長期政権を敷けるかどうかが、日本の外交力を維持できるかどうかのカギとなる。

トランプの国賓来日

平成から令和に代わった直後の令和元（二〇一九）年五月二十五〜二十八日、ドナルド・トランプは令和初の国賓として来日した。即位されたばかりの天皇陛下との会見や宮中晩《ばん》餐会《さんかい》、ゴルフ、大相撲観戦など日本流のおもてなしを受けたトランプは終始上機嫌だった。

五月二十六日夕、トランプは安倍晋三とともに東京・六本木の炉端焼《ろばたや》き店「田舎家」で、和牛ステーキやじゃがバターに舌鼓《したつづみ》を打った。食事が一段落したところで、安倍晋三がイラン情勢について「国際社会は米国とイランの戦争を望んでいない。中東の不安定化は避けなければならない。私も近くイランを訪問するつもりだ」と説明すると、トランプの目の色が変わった。

「シンゾー、信頼できる友人は君だけなんだ。ぜひイランに行ってくれないか。すぐに行ってくれ。来週にでも行ってくれないか?」

イランの核開発をめぐり、トランプは平成三十(二〇一八)年五月、前米大統領のバラク・オバマが主導した核合意からの離脱を宣言し、米国とイランの軍事的緊張は増していた。トランプは、ツイッターで連日強硬なつぶやきを続けていたが、本音ではイランとの戦争など望んでいなかったのだ。

これに対し、日本はイランと長く友好を維持してきた。イラン・イラク戦争中の昭和五十八(一九八三)年、外相だった父・安倍晋太郎は米国の反対を振り切ってイランを訪れ、イラン大統領のアリー・ハメネイ(現最高指導者)と会談し、仲裁役を買って出ている。

この時に安倍晋三も外相秘書官として同行していた。これを聞いたトランプは「シンゾーこそが仲裁役としてうってつけの人物だ」と思ったようだ。

トランプはこの件がよほど気になっていたらしく、翌二十七日の首脳会談でも安倍晋三と二人だけになると「シンゾー、くれぐれもイランのことを頼んだぞ」と念押しした。

外務省幹部は「日本が米国とイランの仲裁に入ると、イスラエルやサウジアラビアが反発するかも知れません」と懸念を示した。そこで安倍晋三は五月三十日、サウジアラビア皇太子のムハンマド・ビン・サルマーンに、六月七日にはイスラエル首相のベンヤミン・ネタニヤフにそれぞれ電話をかけ、六月中にイランを訪問する旨《むね》を説明した。両首脳とも面白くなかったはずだが、不満は言わなかった。安倍晋三とトランプの関係をよく分かっていたからだ。

安倍晋三は六月十二日、トランプとの約束通り、現職首相として四十一年ぶりにイランを訪問し、大統領のハサン・ロウハニと会談し、米国との対話を促《うなが》した。ロウハニは米国との関係修復には明言を避けつつも「安倍首相の我が国訪問が両国の協力関係に新たな一ページを開くことに期待している」と歓待した。翌十三日にはイラン最高指導者のハメネイとも会談した。ハメネイには欧米各国の首脳はほとんど会ったことがない。安倍晋三は

「米国とイランの軍事衝突は誰も望んでいない。中東の安定化に向けて建設的な役割を果たすことを求めたい」と述べ、トランプとの対話を促した。ハメネイは「トランプは意思を伝達するに値《あたい》しない」と対話を拒否したが、「日本の誠意と善意は疑わない。我が国は核兵器を製造しないし、保有も使用もしない」と述べた。満点の成果とは言えないが、日本が中東和平に仲裁役として躍り出たことに国際社会は驚愕《きょうがく》した。

トランプの国賓訪日で最も重要な行事は最終日の五月二十八日にあった。安倍晋三とトランプは神奈川県横須賀市の海上自衛隊横須賀基地を訪れ、事実上の空母である護衛艦「かが」の艦上で、海上自衛官と米海軍将兵五百人を前にこう訓示した。

安倍晋三「日米同盟はこれまでになく強固になった。この『かが』の艦上に我々が立っていることがその証です。自衛隊と米軍が私たちと同様に深い友情で結ばれていることを共に喜び合いたい。強固な日米同盟は日米の隊員一人ひとりの努力によって支えられています。昼夜を違《たが》わず、自由で平和な海を守り続ける諸君を私は誇りに思う。そして祖国から遠く離れた地で平和と安全を守り、日米同盟の抑止力を高める在日米軍のみなさんに敬意を表するとともに、感謝を申し上げたい」

トランプ「日本はF35の最大の保有国となった。素晴らしい装備で私たちの国々を守ってくれ、広い地域の平和と安全に寄与するだろう。日本の防衛力向上は米国の安全保障をも向上させてくれる。友人、シンゾー・アベの貢献に感謝したい」

日米両首脳がそろい踏みで自衛隊と米軍の将校や兵を激励するのは史上初めてだった。日米同盟が新たなステージに入ったことを世界に向けて発信した。トランプは帰国直後、こうツイートした。

「大成功の旅を終え、日本から戻った。多くの面で大きな進展があった。素晴らしい指導者、シンゾー・アベがいる偉大な国だ。ありがとう日本！」

安倍晋三と習近平

安倍晋三とトランプの親密さを見せつけられた中国国家主席、習近平はさぞほぞを噛んだことだろう。安倍晋三の外交の基本は、日米同盟を深化させ、中国の軍事的・経済的な野心を封じ込めることにある。

平成二十四（二〇一二）年の第二次安倍政権発足当初、日中関係は最悪だった。民主党政権最後の首相となった野田佳彦《よしひこ》が尖閣諸島の国有化に踏み切ったこともあり、ほぼ断絶状態だった。習近平は国際会議の際、常に仏頂面《ぶっちょうづら》で安倍晋三と握手することさえためらった。翌二十五（二〇一三）年十二月二十六日に安倍晋三が靖國神社を参拝したことで関係はさらに冷え切った。当時の米オバマ政権が「失望している（disappointed）」と表明したことで中国はますます強気になった。

だが、安倍晋三がオバマとの関係を修復するにつれ、中国政府は焦り始めた。オバマが提唱したTPP（環太平洋パートナーシップ協定）も「中国封じ込めにつながりかねない」と神経をとがらせた。平成二十九（二〇一七）年一月に米大統領にトランプが就任すると、ついに中国は日本との関係修復に動き出した。

そこで安倍晋三が目を付けたのは中国首相の李克強だった。中国共産党には、革命世代の高級幹部の子息たちで構成する「太子党《たいしとう》」、官僚機構を束ねるエリート集団「共青団《きょうせいだん》」、エネルギー利権を握る「上海幇《シャンハイバン》（閥）」という三つの派閥がある。習近平は太子党、胡錦濤や李克強は共青団、元国家主席の江沢民は上海幇だ。太子党と上海幇が結託したことにより、習近平が国家主席となったが、官僚機構を握っている共青団には根強い不満が残る。

そこで安倍晋三は、共青団のトップである李克強を味方に引き入れれば、習近平の態度も変わるはずだと考えたのだ。

平成三十（二〇一八）年五月八〜十一日、李克強は三泊四日で公賓として訪日した。初日は日中韓三カ国サミットがあったが、安倍晋三は韓国大統領の文在寅をほとんど相手にせず、李克強ばかりを手厚くもてなした。東京では、晩餐会や天皇陛下との会見、日中平和友好条約締結四十周年の記念レセプションなど歓迎行事が目白押し。その後、安倍晋三は政府専用機に李克強を同乗させて北海道入りし、苫小牧《とまこまい》市のトヨタの工場などを視察した。李克強は終始笑顔を振りまいた。

習近平はさぞ面白くなかったことだろう。この前後から中国は熱心に安倍晋三に訪中を促《うなが》すようになった。平成三十年十月二十五〜二十七日、安倍晋三は中国・北京を訪問した。日本の首相の訪中は七年ぶりだった。中国は、儀仗兵《ぎじょうへい》が栄誉礼で迎え、昼も夜も習近平や李克強が公式な会食を催した。通常の国賓扱いを超えるようなもてなしだった。習近平は安倍晋三との首脳会談の冒頭で「両国の正常化」を宣言し、自らが主催する晩餐会では笑顔でこう語った。

「私が米国に生まれていたら、共和党か民主党に入っていただろう。政治家をやるなら政権を取れない政党にいても仕方がない」
安倍晋三が「それならば日本で生まれたら自由民主党に入るしかなかったでしょうね」と言うと、一同は大笑いした。帰国後、安倍晋三は「日中関係は完全に正常化した」と胸を張った。

中国との外交はことのほか難しい。日本が「失われた三十年」の低迷を続けるうちにGDPは日本の二・七倍に膨れ上がり、防衛力は予算ベースで見ても四倍、核や弾道ミサイルも大量に保有している。しかも日本企業の駐在員やその家族ら十万人以上の日本人が中国で暮らしている。これは十万人の人質を取られているのに等しい。

このため、中国に対しては、米国や欧州と連携しながら、その領土的・経済的な野心を封じ込めつつ、ジワジワと間合いを広げていくしかない。米国の第二十六代大統領だったセオドア・ルーズベルトは外交の要諦を「Speak softly and carry a big stick（棍棒《こんぼう》を携《たずさ》え、穏やかに話す）」と表現した。俗に言う「棍棒外交」だ。日本も、日米同盟という棍棒を携えて、中国と穏やかに話し合いを続けつつ、間合いを広げていくしかない。これが安倍晋三の対中外交方針だった。

この方針は上手くいっているかに見えたが、貿易や知的財産権などをめぐる米中の対立は想定以上に急速に悪化し、「米中冷戦」の様相を帯びてきた。中国は、特別行政区である香港への影響力をジワジワと拡大させ、令和二（二〇二〇）年六月には香港国家安全維持法を制定し、本格的な言論弾圧に乗り出した。ウイグル人やチベット人に対する弾圧と人権侵害は、欧米でも問題視されるようになった。日米両国と中国は、南シナ海や東シナ海でも一触即発のにらみ合いを続けている。

安倍晋三は訪中した際、習近平に国賓での来日を促したが、これは早計だった。国家主席は国家元首なので単独で来日するならば基本的に国賓となってしまうが、人権弾圧、言論弾圧を続ける非民主的国家のトップを天皇陛下に会わせることに日本国民の反発は根強い。令和二（二〇二〇）年四月に予定された習近平の国賓来日は新型コロナウイルス禍により幸いにも延期となったが、この問題は後任首相となった菅義偉にも重くのしかかっている。

国政選挙「無敗」の秘密

令和二年九月十六日午後、菅義偉が衆参両院の首班指名選挙で新首相に選出された瞬間を以《もっ》て、安倍晋三は首相の座を正式に外れた。平成二十四（二〇一二）年十二月二十六日に発足した第二次安倍内閣からの連続在任日数は二千八百二十二日間で、佐藤栄作（一九〇一－一九七五）の二千七百九十八日を抜いて憲政史上一位となった。第一次安倍内閣の三百六十六日を加えた通算在職日数は三千百八十八日で、こちらも戦前の桂太郎（一八四八－一九一三）の二千八百八十六日を抜いて一位となった。明治の元勲《げんくん》で初代首相の伊藤博文（一八四一－一九〇九）の二千七百二十日、吉田茂（一八七八－一九六七）の二千六百十六日よりもはるかに長い。

なぜ安倍晋三は「一強」と言われる強固な政権基盤を築くことができたのか。外交面での活躍もある。アベノミクスによる経済再生も大きな要因だろう。

だが、最大の理由は選挙に勝ち続けたことにある。安倍晋三は、民主党から政権を奪回した平成二十四（二〇一二）年十二月の衆院選を含めると衆院選三回、参院選三回をすべて勝ってきた。安倍晋三の叔父で元首相の佐藤栄作はこんな名言を残している。

「選挙をやればやるほど首相の力は強くなる。内閣改造をやればやるほど首相の力は弱くなる」

選挙に勝ち続けたことは偶然ではない。実は国政選挙には、ある秘密が隠されている。

安倍晋三はそれに気付いたから強かったのだ。

与野党とも総力戦となるのは、参院選ではなく衆院選だ。政権を賭けた戦いだから当然と言えよう。衆院は小選挙区（定数二百八十九）と比例代表（定数百七十六）の定数四百六十五を争うが、重要なのは小選挙区での各党の公認候補の得票総数で、これが党勢を示すバロメーターとなる。

平成八（一九九六）年に小選挙区比例代表並立制が導入されて以降、自民党が小選挙区で最も得票したのは、平成十七（二〇〇五）年九月の衆院選の約三千二百五十一万票だった。小泉純一郎による郵政民営化の是非を問う選挙だった。この時、郵政民営化に反対し、刺客《しかく》を立てられた造反組も約八百万票を獲得した。つまり自民党系の得票は約四千万票。投票率は六七・五％、投票総数は六千九百五十万票だったので、投票者の六割弱が自民党系に投票したことになる。

まさに「小泉マジック」であり、通常ならばあり得ない得票だったので、この衆院選は例外として分析対象から外すことにする。次に自民党が小選挙区でもっとも得票したのはいつか。実は首相の麻生太郎が任期満了直前に実施した平成二十一（二〇〇九）年八月の衆院選だった。民主党が三百八議席を獲得したのに対し、自民党は百十九議席と歴史的惨敗を喫したが、小選挙区で自民党は計約二千七百三十万票も得票していた。

安倍晋三が政権を奪回した平成二十四（二〇一二）年十二月の衆院選で自民党は二百九十三議席を得て大勝したが、実は自民党の小選挙区での得票総数は約二千五百六十四万票しかなかった。消費税率引き上げ延期をめぐり、電撃解散した平成二十六（二〇一四）年十二月の衆院選も二百九十議席を得たが、小選挙区の得票は約二千五百四十六万票にすぎなかった。

なぜ、二千七百三十万票も獲得した平成二十一年の衆院選で自民党は惨敗したのか。民主党が計約三千三百四十七万票も獲得したからだ。その民主党は、平成二十四年の衆院選では半数にも満たない約一千三百五十九万票しか得票できなかった。代わりに日本維新の会とみんなの党の公認候補が得票し、比例代表では日本維新の会が一千二百万票超、みんなの党も約五百万票を得票している。

つまり、自民党はどんな状況に置かれても、小選挙区で二千六百万票前後を安定して叩き出す政党なのだ。メディアがいつも大騒ぎする「風」など吹いていない。「風」は野党に吹いているのだ。そして、この二千六百万票前後という得票数は、敵（野党）が割れている限り無敵だが、敵（野党）が一致結束すると逆立ちしても勝てない数字なのだ。

ちなみに森喜朗が首相だった平成十二（二〇〇〇）年六月の衆院選で、自民党は小選挙区で約二千四百九十四万票しか獲得できなかったが、かつがつ勝利した。鳩山由紀夫が率いる民主党と、小沢一郎が率いる自由党が割れていたからだ。この結果を受けて、小沢一郎は、民主党との「民由合併《みんゆう》」に動き出した。

この原理が分かっている安倍晋三は、常に敵（野党）を割る方向で動いてきた。日本維新の会を厚遇するのも、連合（日本労働組合総連合会）傘下の同盟系民間労組がかねて要求してきた「働き方改革」や「最低賃金引き上げ」に踏み切ったのも、単なる労働政策ではなく、敵を割るための策謀でもあった。

その一方で、旧社会党の流れを汲《く》む立憲民主党や共産党とは徹底的に敵対した。護憲、反日米同盟、脱原発を掲げる勢力を相手にまともな外交や安全保障の議論はできない。そうでない野党勢力とは積極的に協議に応じた。これにより、野党は割れ続けた。

野党の足並みが乱れた状態を保っていれば、いつでも解散できる。常に解散を匂わせていれば、与野党ともに震え上がり、倒閣に動かない。これこそが安倍「一強」の秘密だったのだ。

安倍晋三が踏み切った衆院選で、最も厳しい戦いだったのは、平成二十九（二〇一七）

年十月の衆院選だった。この時は学校法人森友学園と学校法人加計《かけ》学園の「もり・かけ」疑惑により内閣支持率が低迷していたが、北朝鮮の核・ミサイル問題をめぐり、米国は三つの空母打撃群を北朝鮮周辺海域に急派し、いつ朝鮮有事が起きてもおかしくない情勢だった。「朝鮮有事になれば日本は大混乱に陥り、衆院選をやる余裕などなくなる」。そう考えた安倍晋三は「国難突破解散」と銘打って衆院選に踏み切った。

ところが、想定外の動きが起きた。同年八月に東京都知事となった小池百合子が「希望の党」を結成し、民主党（当時は民進党）を糾合し始めた。「もり・かけ」疑惑で、ただでさえ手負いなのに、希望の党を軸に野党が一本化すれば、自民党は大敗することも十分ありえた。この頃の安倍晋三の顔には悲壮感が漂《ただよ》っていた。

ところが、小池百合子は大きなミスを犯した。希望の党の入党条件として、安保法制（平和安全法制）への賛成を「踏み絵」にしたからだ。これは政権政党となるためには不可欠な判断ではあった。小池百合子は防衛相経験があるだけに、安倍晋三が朝鮮有事を想定して解散に踏み切ったことにすぐに気づいた。そうなると「戦争法反対」のプラカードを掲げる連中と一緒に政権運営などできるはずがない。

だが、小池百合子の「排除の論理」に、民主党左派は猛反発し、元官房長官の枝野幸男が立ち上げた立憲民主党に流れた。期せずして、またもや敵が割れてくれたのだ。こうなったら自民党は負けない。衆院選で自民党は小選挙区で計約二千六百五十万票を得票し、二百八十四議席を獲得した。定数が四百六十五に減ったことを勘案したら、前回以上の大勝だった。希望の党は五十議席で、立憲民主党の五十五議席にも及ばなかった。比例代表でも希望の党は約九百六十七万票しか獲得できず、立憲民主党（約一千百八万票）の後塵《こうじん》を拝した。

　それでも小池百合子が東京都知事を辞めて、衆院選に出馬していたら、自民党は相当議席を減らしていたはずだ。そうなれば安倍晋三は求心力を失い、平成三十（二〇一八）年秋の自民党総裁選での三選にも黄信号が灯《とも》ったはずだ。小池百合子は「野党党首に甘んじるくらいなら、東京都知事として東京五輪・パラリンピックを主催した方がよい」と考えただろう。その計算高さが命取りとなった。安倍晋三はつくづく強運の持ち主だと言える。

　野党も一本化しなければ、自民党に勝てないことは分かっている。ただ、悪夢だった民主党政権の記憶が国民に残っており、支持率は相変わらず低迷している。そこで共産党との連携を模索しているが、これは自殺行為だとしか言いようがない。共産党と連携して政権を取れるのか。間違って共産党を含む野党統一戦線が政権を取ったらどうなるかは自明だ。日米同盟どころか日本国そのものが存亡の危機を迎える。だから良識ある野党支持者は離れ、野党は割れ続ける。

細川護熙《もりひろ》の連立政権も、民主党も「反自民非共産」の枠組みだったから政権を取れた。そう考えると立憲民主党代表の枝野幸男に政権を奪取する気があるのかさえ疑わざるをえない。いかに小沢一郎ら国民民主党の一部と合流しようとも、共産党と連携している限り、政権奪取は夢のまた夢にすぎない。

憲法改正と旧同盟

安倍晋三は首相在任中、常に憲法改正の実現を考えて動いていた。つまり、衆参両院で、憲法改正の発議《ほつぎ》に必要な三分の二以上の改憲勢力を作ることができるかに腐心してきた。

「自民党と公明党だけで憲法改正ができるとははじめから思っていないよ。仮に衆参両院ともに自公で三分の二以上を占めていても、無理して自公だけで発議しようとすれば、公明党がハードルを上げるだけだ。国民投票も否決されかねない。だから維新（日本維新の会）や民主党内の良識派を仲間に引き入れることが大事なんだ」

安倍晋三はかつてこう言った。そこで目をつけたのが旧民社党系の勢力だった。安倍晋三は、旧民社党の流れを汲む国会議員が中心となり、外交・安全保障で現実路線をとれる新党を作れば、日本維新の会とともに大連立を組むことさえ視野に入れていた。そうなれば、憲法改正に消極的な公明党も重い腰を動かさざるを得ないと考えたのだ。

旧民主党の支持母体である連合（日本労働組合総連合会）でも、旧社会党系の旧総評（日本労働組合総評議会）傘下の自治労や日教組などは端《はな》から相手にせず、旧同盟（全日本労働総同盟）系労組には秋波《しゅうは》を送り続けた。中でもUAゼンセンや電力総連、自動車総連など旧同盟系の有力組織は、護憲や脱原発を掲げる旧総評系を嫌っており、憲法改正にも前向きな組織だ。

「官制春闘」と言われたベアアップ要求、最低賃金引き上げ、働き方改革――。安倍晋三が踏み切った雇用・労働政策は常に民間労組の意向に沿っていた。これらの政策は、中小・零細企業経営者や個人事業主ら従来の自民党支持層からの反発が根強く、自民党が長い間棚上げしてきた案件だった。

特に働き方改革に対する財界の反発は根強かった。にもかかわらず、安倍晋三が断行したのは、旧同盟系の民間労組の悲願だったからだ。当時の連合事務局長は、UAゼンセン出身の逢見直人《おうみなおと》だった。逢見直人は度々、首相官邸を訪れ、官房長官の菅義偉らと働き方改革について協議した。「働き方改革」を実現させた逢見直人が連合会長になれば、労働界は大きく変わる。安倍晋三はそう考えていた。

ところが、連合会長の神津里季生《こうづりきお》が巻き返しを図った。元々、神津里季生は、元連合会長の高木剛《つよし》との間で「会長職を一期二年で辞め、逢見直人に譲る」という密約を交《か》わしていたが、これを反故《ほご》にして会長に居座り、逢見直人を会長代行という新設ポストに追いやってしまった。

労働界の悲願だった「働き方改革」は平成三十（二〇一八）年の通常国会に提出され、自民、公明、維新などの賛成多数で可決・成立した。ところが、連合の支援を受ける立憲民主党や国民民主党は、為替《かわせ》ディーラーなどごく一部の職種を「高度プロフェッショナル」として例外扱いにしたことに反発し、共産党とともに反対票を投じた。「木を見て森を見ず」の典型ではないか。立憲民主党と国民民主党は、労働者を代表する政党を標榜《ひょうぼう》するのをやめた方がよい。

神津里季生は令和二（二〇二〇）年夏の立憲民主党と国民民主党の合流でも首謀者の一人だった。思想・信条も、政策も、理念も、すべてかけ離れた政党や組織を「反自民」という理由だけで束ねて一体何ができるか。民主党政権の混迷がそれが証明している。

平成の「失われた三十年」は政治の混迷によるものも大きい。小沢一郎による自民党分裂劇に始まり、細川護煕の連立政権、自社さ連立政権と政界が迷走したのは、自民党の責任もあるが、平成元年に旧総評と旧同盟が合流し、連合という統一組織となったことも大きな要因だとみている。結局、民間企業の従業員の組合離れは加速し、労働界の発言権は著《いちじる》しく低下した。「百害あって一利なし」となった連合はさっさと解散し、かつての総評と同盟に分かれた方がよい。その方が労働者のためになるし、国家のためにもなる。

モリ・カケ・サクラ

人はみな「みんなに好かれたい」「誰とでも仲良くしたい」という願望を持っている。だからみんなにいい顔をしてしまう。だが、「みんなにいい顔をする」ことは「誰からも信頼されない」とニアリー・イコールなのだ。第一次政権で深手を負った安倍晋三はこれに気付いた。「自分が嫌いな人間に嫌われても仕方がないじゃないか」。安倍晋三に芽生えたこうした割り切りが、長期政権を実現させたと言っても過言ではない。

安倍晋三の手法は終始一貫している。自民党内の政局では、敵である石破茂を潰《つぶ》すために、他の派閥領袖《りょうしゅう》とは妥協して手を結ぶ。国会対策も、主敵である立憲民主党を孤立させるために他の野党には秋波を送り続けた。共産党や社民党は「あってないもの」と見なし一切相手にしない。

メディア対策も基本戦略は同じだった。朝日新聞など「倒閣ありき」の一部左派メディアとは徹底的に敵対する一方、産経新聞、読売新聞などの保守系メディアだけでなく、日経新聞や、NHK、民放などには幅広く目配りした。取材やテレビ出演にもできるだけ応じ、各メディアのトップとの会合にもこまめに顔を出した。

政権前半はこの戦術が上手くいっているように見えた。朝日新聞は「安倍憎し」で凝《こ》り固まるあまりに論理破綻《はたん》し、どこかの政党の機関紙のように劣化した。慰安婦問題の「虚偽」を認める検証記事や、福島第一原発事故で当時所長だった吉田昌郎《まさお》(一九五五－二〇一三)の聴取記録「吉田調書」を〃スクープ〃した記事で、東京電力社員が「逃げた」とする大誤報もあり(「所長命令に違反、所員の九割が撤退」二〇一四年五月二十日)、朝日新聞は記事撤回と謝罪会見、編集幹部の更迭《こうてつ》に追い込まれ、その権威は地に堕《お》ちた。

ところが、安倍晋三のメディア報道対策はある事件を機に破綻していった。

平成三十（二〇一八）年三月九日夜、安倍晋三は、日本テレビHD社長（現会長）、大久保好男の招きを受け、日テレが東芝から買い取った東京・高輪《たかなわ》の迎賓館「高輪館」で会食した。大久保好男は、父、安倍晋太郎の番記者を務めたこともあり、旧知の間柄だった。

ここで安倍晋三は「ネットの普及で放送と通信の融合がどんどん進んでいるんだから、放送法についてもゼロベースで見直したがいい」と切り出した。次の日本民間放送連盟（民放連）会長に内定した大久保好男はこれに激しく反発し、議論は平行線のまま。会合はギスギスしたまま終わった。

海外ドラマ好きの安倍晋三は、ネットフリックスが全米の放送業界を席巻《せっけん》していることを知り、電波と通信（インターネット）の関係を担当省庁に報告させていた。するとインターネット放送が増えるとともに、ネットの広告収入も跳《は》ね上がっている。逆に民放各社の広告収入はじり貧だった。「これで5Gが普及すると民放は倒産しかねないじゃないか」。そう考えた安倍晋三は、民放に力添えするつもりで「放送と通信」の融合に向け、放送法改正を大久保好男に打診したのだった。

だが、民放にとって電波の許認可という既得権益にからむ放送法は最も触れたくない案件だった。大久保好男は怒りが収まらず、元上司である読売新聞グループを率いる渡邉恒雄に「安倍はTBS、テレ朝憎しの余り、日テレなど他の民放まで潰す気だ」と直訴した。

これを聞いた渡邉恒雄は激怒し、倒閣をチラつかせながら政権に圧力をかけた。慌てた安倍晋三は三月三十日に東京ドームで開催された巨人－阪神戦を渡邉恒雄とともに観戦し、関係を修復したが、わだかまりは残った。民放各社は警戒を強め、「安倍政権をこれ以上勢いづかせてはならない」というムードが広がった。

この頃から放送メディアの安倍バッシングは加速している。同じころに発覚した財務省による公文書改竄《かいざん》事件は抗弁の余地のない失態だが、財務省が自己保身から手を染めた事案であり、安倍晋三ら官邸の面々は一切関与していないどころか、改竄があったことさえ知らなかった。だが、メディアは公文書改竄を大々的に報道するとともに、沈静化していた森友学園・加計学園の疑惑までも蒸し返し、政権は再び窮地に陥った。

森友問題は、学校法人森友学園の理事長だった籠池泰典《かごいけやすのり》が安倍晋三の妻、昭恵のネームバリューを利用して、小学校創設を有利に進めようとした事件だ。安倍晋三は籠池泰典と会ったこともなく便宜も図っていない。ところが、籠池泰典と妻、諄子《じゅんこ》の特異なキャラクターもあり、メディアは連日疑惑を報道した。騒動の舞台裏については籠池泰典の長男、籠池佳茂《よししげ》が著書『籠池家を囲むこんな人たち』（青林堂）で詳しく明かし、「安倍首相夫妻は無関係だ。父は安倍首相に謝れ」と訴えたが、この主張を主要メディアが取り上げることはほとんどなかった。

学校法人加計学園の問題も、安倍晋三にとって狐《きつね》につままれたような話だった。これは加計学園が愛媛県の要請を受け、愛媛県今治市《いまばり》に獣医学部を作ろうとしたところ、日本獣医師会が既得権益を守るべく強い圧力をかけ、計画を潰そうとした事件だ。獣医学部を誘致した元文部官僚で愛媛県知事を務めた加戸守行《かともりゆき》（一九三四－二〇二〇）は、国会などで詳細を打ち明け、「安倍政権により歪《ゆが》められた行政が正された」と疑惑を全否定したが、産経新聞など一部メディアしか報じなかった。

結局、加計学園の理事長、加計孝太郎と安倍晋三が旧友だったことを理由に疑惑呼ばわりしたにすぎない。この理屈が通るならば、首相と親しい人物は何もやっても「疑惑」となってしまう。

むしろ疑惑と言えるのは、国家戦略特区担当を兼務していた地方創生担当相の石破茂が平成二十七（二〇一五）年六月、獣医学部新設を困難とする四つの条件（石破四条件）を策定したことだった。日本獣医師会は、石破茂に政治献金を行い、その政界工作の詳細を手柄のように会報に記している。この疑惑まみれの四条件を閣議決定したことからも、安倍晋三が一切関与していなかったことが証明されているが、多くのメディアは石破四条件には一切触れず、「疑惑は深まった」と騒ぎ立てた。

桜を見る会もそうだった。政権が長期化し、安倍晋三後援会の参加者が年々増えたのは確かだが、彼らは旅費・宿泊費などはすべて自腹で払っており、安倍事務所による金銭的な便宜供与は一切なかった。にもかかわらず、延々と野党とメディアは「ホテルの立食パーティーの食事が云々《うんぬん》」としつこく追及を続け、内閣支持率はジリジリと下がり続けた。

振り返ってみると、放送法は「虎の尾」だった。それを軽い気持ちで踏んでしまったのは、安倍晋三の大きなミスだった。長期政権の慢心だったと言われても仕方あるまい。令和二年春からの新型コロナウイルス禍でも安倍バッシングは延々と続き、この心労が、安倍晋三の潰瘍《かいよう》性《せい》大腸炎を再発させる一因となったことは否めない。

だが、自己保身のために異様な安倍バッシングを延々と続けたメディアは「安倍に勝った」と素直に喜べるのか。自らの権威と信用を失墜させただけではなかったか。新聞・テレビの報道の劣化は目を覆《おお》うばかりだ。それを証明するかのように、民放は、ますますネットに席巻されている。安倍晋三とともにバッシングを受け続けた首相の菅義偉が既存メディア救済に乗り出すとは思えない。「人を呪わば穴二つ」とならなければよいが。

第四章

老獪な政治手腕をどう作りあげたか

政治家・安倍晋三の原点

安倍「一強」の秘密を探るには、安倍晋三の半生を幼少期から振り返らねばなるまい。

安倍晋三は昭和二十九（一九五四）年九月二十一日、外相や官房長官を務めた安倍晋太郎（一九二四－一九九一）と洋子の二男として生まれた。祖父は元首相の岸信介、叔父は元首相の佐藤栄作という戦後政治史そのものと言える華麗なる一族である。安倍晋太郎の父、安倍寛《かん》（一八九四－一九四六）も山口県議や衆院議員を務めた。東條英機《とうじょうひでき》らの軍閥《ぐんばつ》主義を批判し、昭和十七（一九四二）年の翼賛《よくさん》選挙で大政翼賛会《たいせいよくさんかい》の推薦を得ずに当選した気骨のある政治家だった。

菅義偉《すがよしひで》内閣に防衛相として初入閣した岸信夫は実弟だが、出生直後に岸家に養子に出された。安倍晋三は、母親のお腹が大きくなり、「弟か妹ができる」と楽しみにしていたのに生まれず、代わりに従兄弟《いとこ》の信夫が生まれたため、子供ながらに「変だな。もしかしたら信夫ちゃんは弟なのかも」と思っていたそうだ。岸信夫は大学生になるまで自分が本当は安倍晋太郎と洋子の息子だったことを知らなかった。

安倍晋三は六〇年安保闘争の喧噪《けんそう》の中で育った。当時、岸信介は東京都渋谷区南平台《なんぺいだい》に居を構えており、連日、デモ隊に取り囲まれた。幼稚園児だった安倍晋三は父母に連れられて頻繁に岸邸を訪れた。デモ隊を避けるため、裏の家の庭を通って岸邸に入ったという。岸信介は「安保反対」のシュプレヒコールが響く中も悠然と構えており、孫の晋三が来ると「お馬さんごっこ」をしてくれた。安倍晋三が祖父の背中の上で「アンポ、ハンタイ！」と言うと、安倍晋太郎は「晋三、安保賛成と言え」と怒ったが、岸信介はニコニコしていた。

ところが、安倍晋太郎は昭和三十八（一九六三）年の衆院選で落選してしまう。そのショックは大きく安倍晋太郎は半年ほど寝込んでしまった。小学生だった安倍晋三の目には、暑い夏の日に「クソッ、クソッ」と言いながら庭で草むしりをしている父親の姿が今も焼き付いている。

そんなある日、安倍晋太郎は、息子たちを連れて親族の寄り合いに連れていった。すると親族の一人が安倍晋太郎にこう言った。

「晋太郎君、君は政治家に向かないんじゃないかな。後のことは家族を含めて私たちがちゃんと面倒を見るから、この際、きっぱり諦めたらどうだろう？」

すると安倍晋太郎は、息子のいる前で土下座をして「政治家としてまだまだやりたいことがあります。もう一度だけチャンスをください」と涙ながらに訴えた。このような父の背中を見た長男の安倍寛信《ひろのぶ》は「政治家なんかになりたくない」と言うようになり、二男の安倍晋三は逆に政治家を志《こころざ》すようになった。安倍晋三の政治家としての原点は父親の落選にあると言ってよい。

安倍晋太郎に政治家を断念するよう促《うなが》したのは、一体誰なのか。安倍晋三は「祖父（岸信介）ではなかった。別の親戚だ」と言うが、安倍晋太郎にそんなに厳しいことを言える人が岸信介の他にいるだろうか。別の親戚の発言かも知れないが、「引退宣告」は岸信介の意向だったように思えてならない。

安倍晋太郎は昭和四十二（一九六七）年の衆院選で返り咲いたが、再び窮地に陥《おちい》った。後援会長を務めていた地元財界の大物で元衆院議員の林佳介《よしすけ》（一九〇〇－一九八七）が、息子の林義郎《よしろう》（元蔵相、一九二七－二〇一七）の擁立に向け動き出したからだ。安倍晋太郎後援会は真っ二つに割れてしまった。林佳介の孫、林芳正《よしまさ》は農林水産相や文部科学相などを務めた参院議員だが、地元・山口で安倍後援会と林後援会が今なおいがみ合っているのはこのような因縁があるからだ。

小泉純一郎の下で官房副長官を務めていたある日、安倍晋三は落選中の若手議員の応援のため、その議員の選挙区に入った。田んぼの中にポツンと建つ公共ホールで、その若手議員は支持者を前に深々と頭を下げて落選を詫び、続いて夫人と幼い子どもが「お父さんをよろしくお願いします」と頭を下げた。その帰途に安倍晋三は、同行した記者たちと駅のホームのベンチで新幹線を待ちながら、ポツリとつぶやいた。

「奥さんやお子さんのああいう姿を見せられるとグッときちゃうよね。俺も小学生の頃に親父が落選してね。週末ごとにお袋と一緒に山口に帰って、後援会の方々に頭を下げて回ったんだよな。『お父さんをどうかよろしくお願いします』ってね」

安倍晋三は、選挙区（衆院山口四区）で常に七割超の得票率を誇るが、選挙では一切手を抜かない。若手議員の頃から同僚議員に頼まれると二つ返事で地元に応援に入った。落選して不幸になるのは政治家だけではない。その家族や仲間など多くの人を巻き込んでしまう。そう思っているからだ。

岸信介のDNA

安倍晋三は成蹊《せいけい》小、中、高を経て成蹊大学法学部政治学科を卒業した。大学在学中はアーチェリー部に所属し、卒業後は二年間、南カリフォルニア大学などに留学した。その後神戸製鋼所で三年間サラリーマン生活を送った後、昭和五十七（一九八二）年から外相だった安倍晋太郎の秘書官となった。ある日、突然父に呼ばれ、「明日から俺のところに来い。会社には俺から電話しておいた」と告げられた。安倍晋太郎は長男の寛信ではなく、二男の晋三を後継にしようと、ずいぶん前から考えていたようだ。

父の秘書時代の昭和六十二（一九八七）年六月に森永製菓社長、松崎昭雄の長女だった昭恵と結婚した。平成三（一九九一）年五月十五日に安倍晋太郎が六十七歳で没すると、中選挙区制最後の選挙となった平成五（一九九三）年の衆院選で旧山口一区から初当選した。当時の政界は政治改革をめぐり大荒れで、この衆院選を機に細川護熙《もりひろ》連立政権が発足したため、安倍晋三は野党議員が政治家としてのスタートだった。

父の死後、選挙活動など右も左も分からない安倍晋三に、地元の後援会作りなど政治活動のノウハウを伝授したのが、衆院議員の尾身幸次《おみこうじ》だった。元首相の福田赳夫《たけお》（一九〇五ー一九九五）の牙城《がじょう》、群馬県で「俺は福田派ではなく安倍派だ」と公言しながら当選を続けた男だけに、その指導は徹底しており、何度も下関入りして、安倍晋太郎の時代よりもはるかに強力な後援会組織を作り上げた。安倍晋三が第一次政権で尾身幸次を財務相に起用したのは、恩返しの意味合いもあった。

安倍晋三は初当選した時から首相になることを目標に据《す》えていた。「首相になるにはどうすべきか」「首相になったら何をすべきか」――。それが政治家・安倍晋三の行動原理だった。これは父、安倍晋太郎よりも祖父、岸信介の影響が大きい。岸信介は昭和三十二（一九五七）年二月に首相に就任した当初から日米安保条約改定を政権の主要課題に掲げ、その先に沖縄返還と憲法改正を見据《みす》えていた。首相秘書官だった安倍晋太郎が「得意の経済で勝負してはどうですか」と進言すると岸信介は鼻で笑ってこう言った。

「総理っていうのはそういうもんじゃない。経済は官僚がやってもできる。何か問題が生じたら正してやればいいんだ。首相であるからには外交や治安にこそ力を入れねばならんのだよ」

岸信介のDNAを強く受け継いだ安倍晋三が「首相」というポストをどう考えているか、よく分かるエピソードだ。

清和研の二重螺旋

初当選した安倍晋三は、かつて安倍晋太郎が領袖《りょうしゅう》を務めた清和研《せいわけん》（当時は二十一世紀を考える会・新政策研究会）に所属した。当時は、元首相の田中角栄《かくえい》（一九一八－一九九三）の木曜クラブの流れを汲《く》む経世会《けいせいかい》（現平成研、当時は小渕《おぶち》派）が自民党を牛耳《ぎゅうじ》っており、反主流の清和研は「与党内野党」と揶揄《やゆ》されていた。一回生議員にすぎない安倍晋三が、総裁の河野洋平や野中広務《ひろむ》ら党執行部を堂々と批判し、慰安婦問題や歴史教科書問題などに取り組むことができたのも清和研独特の寛容さがあったからだと言えなくもない。当時の清和研には、後に東京都知事となる石原慎太郎や亀井静香（元運輸相）、平沼赳夫（元経済産業相）、中川昭一（元財務相）らタカ派の猛者《もさ》がひしめき合っていた。

清和研は風変わりな派閥だ。平成研のように「一致結束、箱弁当」という空気はまるでない。個々が好き勝手なことをやっているが、政局になればなぜかまとまる。それでも平成十二（二〇〇〇）年に森喜朗が首相になって以来、小泉純一郎、安倍晋三、福田康夫、安倍晋三と二十年間に五人の首相を輩出し、自民党最強派閥となった。その秘密は清和研のＤＮＡのような二重螺旋《らせん》構造にある。

清和研の前身である清和会は、福田赳夫が昭和三十七（一九六二）年に創設した「党風刷新連盟」が起源だとされるが、さらにその源流は、岸信介が率いた「十日会」だった。清和会はかつて旧赤坂プリンスホテルに派閥事務所を置いていたが、これは西武グループ創業者で元衆院議長の堤康次郎《つつみやすじろう》（一八八九－一九六四）が岸信介を尊敬し、場所を提供したからだった。

清和会の創始者を岸信介とするか、福田赳夫とするかは、「卵が先か、鶏が先か」のような話だが、岸信介の娘婿《むすめむこ》である安倍晋太郎が福田赳夫の後任の領袖となったことで、清和会は福田系と岸・安倍系の二つの系統ができてしまった。森喜朗、小泉純一郎、塩川正十郎《まさじゅうろう》（元財務相、一九二一－二〇一五）らは福田赳夫直系だ。これに対し、安倍晋太郎系と言われるのは、農林水産相などを務めた加藤六月《むつき》（一九二六－二〇〇六）らだった。平成三（一九九一）年に安倍晋太郎が死去すると跡目争いが起き、森喜朗らの支持を得た三塚博《みつづかひろし》が領袖になり、加藤六月との間で「三六戦争」が勃発《ぼっぱつ》、加藤六月らは結局、派閥を追い出された。

安倍晋太郎は加藤六月を後継者にしたかったのではないか。安倍晋太郎の命日である五月十五日には「安倍晋太郎を偲《しの》ぶ会」がほぼ毎年開かれてきたが、安倍晋三と岸信夫を除くと政治家はほとんど来ない。安倍晋太郎の番記者たちが主宰する形をとっているが、本当の主宰者は加藤六月と安倍洋子だった。「いずれ安倍系を清和会の本流に戻したい」というのが加藤六月の悲願だったのだ。

そういう事情もあり、安倍晋三が初当選した時、安倍晋三は正統な清和研の正統な継承者ながら派内でやや浮いた存在だった。平成十二（二〇〇〇）年に首相となった森喜朗が官房副長官に抜擢《ばってき》するまでの七年間は、党政務調査会の社会部会長などを務めたが、特別扱いされず、同期よりも出世は遅いくらいだった。

では、福田系と安倍系の二重螺旋とはどういうものなのか。分かりやすい例がある。小渕恵三《けいぞう》、梶山静六、小泉純一郎の三人が「凡人、軍人、変人」の戦いを繰り広げた平成十（一九九八）年の自民党総裁選だ。

清和会の若手議員は都内の料亭に集められ、そこに小泉純一郎が出馬のあいさつに登場した。すると二回生議員にすぎない安倍晋三がいきなり異を唱えた。

「今回の総裁選で、あの憎き経世会（当時は平成研）が分裂してくれたんですよ。我が派が推せば梶山さんが勝てる。野中広務たちに一泡吹かせてやれるじゃないですか。小泉さんは今回は出馬すべきではない」

小泉純一郎は「言われてみればそうだな」と言って帰ってしまったが、しばらくして森喜朗が烈火のごとく怒って現れた。森喜朗は安倍晋三が異を唱えたことを知っていたが、安倍晋三ではなく、隣に座っていた一回生議員の下村博文《しもむらはくぶん》を罵倒《ばとう》した。

「下村！　せっかく清和会が結束して小泉さんを推そうというのに、お前はなんてことを言うんだ！」

下村博文は、森喜朗にとって早稲田大学雄弁会の後輩なので文句を言いやすかったのだろうが、とんだ災難だった。このようなすったもんだの末に小泉純一郎の出馬が決まり、総裁選に突入した。すると安倍晋三は、梶山静六と小泉純一郎の「二位、三位連合」に向けて動き始めた。梶山陣営にいたのは、菅義偉や麻生太郎らだった。安倍晋三が梶山陣営と頻繁に接触していると、今度は森喜朗の番頭格だった中川秀直《ひでなお》に呼ばれた。

「安倍くん、もういい。もう動かなくていいんだ。俺たちに任せてくれ」

安倍晋三は仕方なしにその指示に従ったが、総裁選で小渕恵三が勝利した後、その理由が分かった。森喜朗が幹事長に就任したからだ。森喜朗が小泉純一郎を擁立したのは、梶山静六に反経世会連合を構築させないためだった。さらに続きがある。しばらくして安倍晋三は森喜朗に呼ばれた。森喜朗は安倍晋三の前に一枚の紙を置き、こう言った。
「この派閥に残るか、亀井のところに行くか。今ここで決めなさい」
紙には墨書きで「清和政策研究会」と書かれていた。自民党は平成六（一九九四）年に下野《げや》した際、派閥解消を掲げ、この時期の清和研は「二十一世紀を考える会・新政策研究会」という訳の分からない名称になっていたが、安倍晋三は「清和」という二文字を見た瞬間、残留を決めた。祖父の岸信介が創設し、父の安倍晋太郎が領袖を務めた清和会を足蹴《あしげ》にできないと思ったからだ。

この直後、亀井静香は派閥を飛び出し、政策科学研究所（旧中曽根派）の元総務庁長官の江藤隆美《たかみ》（元総務庁長官、一九二五－二〇〇七）らとともに「志帥会《しすいかい》」を結成した。平沼赳夫、中川昭一、古屋圭司《ふるやけいじ》、衛藤晟一《えとうせいいち》ら安倍晋三と仲のよい政治家の多くが亀井静香の下にいってしまった。森喜朗が小泉純一郎を総裁選に擁立した真の狙いは、亀井一派のあぶり出しだったのだ。森喜朗の老獪《ろうかい》さがよく分かるエピソードだといえる。

清和研の二重螺旋は、森喜朗の手腕により、ますます福田系が強まった。森喜朗は派閥の重大な方針を決定する際、小泉純一郎、福田康夫らを集めて幹部会を開くが、安倍晋三は幹事長になるまで呼ばれたことがなかった。福田赳夫を師と仰ぐ森喜朗にとって、清和研をしっかり育てあげ、いずれは息子の福田康夫に「大政奉還《たいせいほうかん》」し、福田康夫を首相の座につけることこそが大目標だった。森喜朗の座右の銘が「滅私奉公《めっしほうこう》」であることもうなずける。

それでも森喜朗は安倍晋三を排除することは決してしなかった。安倍晋三を官房副長官に抜擢したのも森喜朗だ。安倍晋三を排除して二重螺旋がばらけてしまうと清和研の強さが半減してしまうことがよく分かっていたからだ。ドロドロの派内抗争を幾度も乗り越えてきた清和研は、安倍晋三を含めてけんか上手が多い。もし安倍晋三が派閥を飛び出せば、正統性のある「清和会」が二つでき、激しくいがみ合うことになる。そうなれば自民党内での清和会の発言力は下がる一方となる。それだけは何としても避けたい。森喜朗はそう考

森喜朗

えていた。この付かず離れずの二重螺旋こそ清和研の力の源泉だといえる。

森喜朗は、安倍晋三の短気でけんか早い政治手法を決して評価していなかったが、それを公然と咎《とが》めることはなかった。そんな森喜朗が、安倍晋三に対し、本音むき出しで怒り狂う姿を一度だけ見たことがある。自民党が野党だった時期、中川昭一の急逝を受け、安倍晋三が中川昭一の勉強会「真・保守政策研究会」（後の創生「日本」）を引き継ぐことになった。この創生「日本」が安倍晋三が総裁に返り咲くコアになるのだが、森喜朗が怒ったのは、安倍晋三が事務局長に、加藤六月の娘婿である加藤勝信を起用したことだった。

「ほら見てみろ。やっぱり安倍は清和研を割ってきたじゃないか！」

森喜朗の目には創生「日本」が第二清和会に映ったのだろう。森喜朗は平成二十四（二〇一二）年の総裁選では、安倍晋三ではなく元国土交通相の石原伸晃《のぶてる》を推し、清和研からは元官房長官の町村信孝（一九四四－二〇一五）を擁立した。清和研のメンバーが安倍晋三に流れるのを防ぐためだった。

そこまで激しく対立しておきながら、安倍晋三が総裁に返り咲くと、森喜朗はすぐに手打ちにした。安倍晋三も快く応じた。二人とも、つかず離れずの二重螺旋を上手く維持していくことが清和研の強みだということをよく分かっているのだ。

山一抗争と小沢一郎

「公家《くげ》集団」と言われ、けんかが苦手な宏池会《こうちかい》でさえ、加藤紘一（元官房長官、一九三九－二〇一六）の「加藤の乱」をきっかけに谷垣禎一《たにがきさだかず》が率いる谷垣派と、古賀誠が率いる古賀派に割れ、ドロドロの本家争いを続けた。谷垣派は宏池会の帳簿を、古賀派は宏池会の看板を受け継ぎ、ともに宏池会を名乗った。

吉田茂の孫である麻生太郎も宏池会の正統な後継者だといえる。加藤紘一と河野洋平の跡目争いの際、河野洋平を担《かつ》いで大勇会《たいゆうかい》を結成したが、後に宏池会の看板を捨てたことを悔やんだ。昭和三十二（一九五七）年の宏池会創設当初は、池田勇人《はやと》（元首相、一八九九－一九六五）が「宏池会」と大きく墨書きした木製ドアが看板代わりだったと聞きつけ、自分の腹心たちに真顔で「おい、誰かそのドアを探してこい」と命じたほどだ。ドラゴンクエストの三つのアイテム集めのような話だが、それほど「宏池会」や「清和会」という老舗《しにせ》の看板は重い存在なのだ。

これはヤクザの世界でも同じだ。昭和五十九（一九八四）年六月、山口組三代目の田岡一雄の死後、山口組で跡目争いが起き、竹中正久《まさひさ》の四代目襲名を機に、組長代行だった山本広らが脱会し、一和会《いちわかい》を結成した。結成当初の一和会は、会長が山本広、副会長兼理事長が加茂田重政《かもだしげまさ》、幹事長が佐々木道雄――と錚々《そうそう》たる顔ぶれがそろい、構成員は総勢七千人で山口組よりも優勢だった。大阪府警や兵庫県警でも「近い将来、一和会が関西を制圧する」という見方が強かった。

ところが、山一《やまいち》抗争が長引く中、一和会は傘下組織を切り崩され、ジワジワと劣勢に追い込まれた。昭和六十（一九八五）年一月の竹中正久と若頭の中山勝正《かつまさ》の射殺事件は、一和会にとって乾坤一擲《けんこんいってき》の挽回策だったが、山口組の激しい報復により、一和会はますます弱体化し、稲川会や会津小鉄会《あいづこてつかい》の仲裁により抗争は終結、平成元（一九八九）年三月に一和会は消滅した。

なぜ一和会は負けたのか。山口組の「代紋」を捨てたからだ。「山菱《やまびし》」の代紋がなければ傘下組員は「シノギ」をできなかった。現在の山口組は、神戸山口組と任侠《にんきょう》山口組の三つに分裂したが、三つの組織はそれぞれ山口組を名乗り、「山菱」の代紋を掲げている。一和会の失敗を知っているからだろう。

政界でも同じことがあった。今は立憲民主党の「一兵卒《いっぺいそつ》」に過ぎない小沢一郎は、「今太《いまたい》閣《こう》」と言われた元首相の田中角栄や、自民党副総裁などを歴任した金丸信《かねまるしん》（一九一四－一九九六）の寵愛《ちょうあい》を受け、四十七歳で幹事長就任後は自民党を恣《ほしいまま》に操ってきた。「うん」とうなずくだけで首相になれた時期もあった。

ところが、平成四（一九九二）年に東京佐川急便事件で金丸信が議員辞職し、小渕恵三が経世会の領袖の座に就《つ》くと、小沢一郎は経世会を捨て、羽田孜《はたつとむ》（元首相、一九三五－二〇一七）とともに「改革フォーラム21」を結成した。平成五（一九九三）年六月には政治改革をめぐり、自民党を離党して新生党《しんせいとう》を結党し、日本新党を率いる細川護熙を担《かつ》いで連立政権を発足させた。

その後も新進党《しんしんとう》、自由党を経て民主党に合流。さらに「国民の生活が第一」→「日本未来の党」→「生活の党」→「生活の党と山本太郎と仲間たち」→「自由党」→「国民民主党」と政党ロンダリングを続け、今は立憲民主党にいる。

なぜ、小沢一郎の軌跡を説明したかと言えば、安倍晋三と好対照をなすからだ。小沢一郎は代紋を守る重みが分かっていなかったばかりに、幸せとは言えない政治人生を歩んだ。これに対して、安倍晋三は「自民党」や「清和会」の代紋にこだわったから長期政権を築くことができた。民主党が政権を取れたのも、日本民主党を率いた元首相の鳩山一郎（一八八三－一九五九）の孫、鳩山由紀夫が代表だったことと無関係ではあるまい。「看板」「代紋」を大切にしない勢力は一時的に時流に乗っても長続きしない。平成に入り、やたらと名称を変える企業や大学が増えたが、愚かとしか言いようがない。トヨタ自動車工業が「トヨタ」の名を捨てて世界一の自動車メーカーになっただろうか。信用は「看板」「代紋」に宿るのだ。

森喜朗「親父の小言」

安倍晋三の師であり、後見人である森喜朗は番記者泣かせの政治家だった。小泉純一郎政権では、最大派閥の領袖である森喜朗は最も重要な取材対象で、つねに十数人の番記者に囲まれる存在だったが、非常に細かい上に怒りっぽい。毎日、新聞各紙を赤鉛筆で線を引きながら隅々まで読み、記者との会話は「君、今日のこの記事は一体何だ？」と小言から始まった。

森喜朗が何に一番怒るかと言えば、政治家の言葉の一部を抜き出し、勝手な解釈を加えて記事にすることだった。紙面の制約があるとはいえ、森喜朗の言い分は筋が通っている。

そう考えた私は「とにかく言い分をフルで載せますよ」と言って森喜朗に大型インタビューを申し込んだ。

森喜朗の話をじっくりと聞くと実に面白い。笑いあり、涙あり。政治家とのやりとりはすべて物真似をしながら語る。「座談の名手」と言われてきただけのことはある。ただ、麻生太郎も同じだが、こういうタイプは失言が多い。面白い発言と問題発言は紙一重だからだ。しかもサービス精神が旺盛《おうせい》なので、講演会では聴衆を喜ばせようとついついリップサービスしてしまう。最初から最後まで聞けば、さほど問題とは思えない発言も一部分だけを切り取ると実にけしからん発言になってしまうのだ。

森喜朗は立て板に水のように一方的に話すので、こちらの質問を入れる余地がとても少ない。そこでQ&A方式（質問と回答を交互に入れるインタビュー記事）をやめて口調まで再現した「問わず語り」の大型インタビューを産経新聞に掲載した。森喜朗はこの記事を気に入り、定期的にインタビューに応じてくれるようになった。

森喜朗の本音に触れることができるようになると実に魅力的な政治家だと分かった。気配りが細やかなで常に先の先を見ながら手を打っていく。森喜朗の愛弟子《まなでし》である現文部科学相の萩生田《はぎうだ》光一はこう言った。

「森さんはさ、居酒屋のトイレなんかによく貼ってある『親父の小言』なんだよ。『冷や酒と親父の小言は後で効く』って言うじゃないか。森さんの教えはその時は『あ〜、また始まった。鬱陶《うっとう》しいな』と思っても、後になって『ああ、そういう意味だったのか。ありがたいな』とじわっと身に染《し》みるんだよな」

「親父の小言」は江戸後期にできた十数箇条の格言集だ。「火は粗末にするな」「人には腹を立てるな」「人に馬鹿にされていよ」「恩は遠くから返せ」「自らに過信するな」等々。毎週木曜日昼の清和研の例会は、森喜朗の「親父の小言」を拝聴することから始まるのが恒例だった。

各メディアは森喜朗を「サメの脳みそ」などと悪《あ》しざまに書き続け、「悪役」を印象づけたため、世間の評価は今ひとつ高くないが、平成の政治史を語る上で欠かせない老練かつ老獪な政治家だ。自民党の平成三十年史を振り返ると、政権中枢にいるか、そうでなくても首相に直接モノを言える立場を維持し続けたのは森喜朗だけ。総裁、幹事長、政調会長、総務会長——と自民党グランドスラムを達成したのも森喜朗だけだ。長く非主流派に甘んじた清和研を二十年にわたり、ほぼ絶え間なく総裁を輩出し続ける最大かつ最強の派閥に育てあげたのも森喜朗の功績が大きい。

森喜朗は、福田赳夫が首相の時に官房副長官を務めた直系の弟子だけに、田中角栄とその流れを汲む経世会（現平成研究会、竹下派）に対して小泉純一郎と同じような「怨念《おんねん》」を持っている。ただ、小泉純一郎と違って、それを決して顔には出さずに他派閥とも上手に付き合う。青木幹雄とは盟友関係を築き、森－青木ラインで政局を差配《さはい》した時期もあった。

細川護煕の非自民連立政権で下野した際、社会党委員長の村山富市《とみいち》を首班指名し、自社さ連立という「反則技」で政権奪回を主導したのは、当時幹事長だった森喜朗だった。小渕恵三が首相の時、自由党党首の小沢一郎と自自連立を組んだ際には、小沢一郎による「自民党乗っ取り」を防ぐべく、野中広務とタッグを組み、公明党を連立入りさせた。小泉政権以降はさらに存在感を増し、善《よ》し悪しはともかく森喜朗がどう動くかで政局の流れは大きく変わった。

安倍晋三が首相に返り咲いた平成二十四（二〇一二）年の衆院選を機に政界を引退したが、その後も安倍晋三に率直に意見し、安倍晋三からも助言を求められる政治家ＯＢは森喜朗しかいない。ガンを患《わずら》い、新薬オプジーボにより一命を取りとめたが、昨年からは人工透析《とうせき》を週三回行っている。令和元（二〇一九）年に念願のラグビーワールドカップ日本大会も成功裏に終わり、そろそろゆっくりと余生を送りたいようだが、令和二（二〇二〇）

年夏に開催予定だった東京五輪・パラリンピックは新型コロナウイルス禍で延期となり、組織委員会会長を辞めるに辞められず、「滅私奉公」の日々を今も続けている。

日露交渉の舞台裏

「戦後外交の総決算」を掲げた安倍晋三は、露大統領のウラジーミル・プーチンと計二十七回も首脳会談を重ね、北方領土問題の解決と日露平和条約締結に情熱を傾けたが、その裏には常に森喜朗がいた。プーチンと深い絆《きずな》を結び日露交渉の礎《いしずえ》を築いたことは、政治家・森喜朗の偉業だといえる。

森喜朗がプーチンに初めて出会ったのは、首相就任まもない平成十二（二〇〇〇）年四月二十九日だった。お膳立てしたのは、ロシアと太いパイプを持つ参院議員、鈴木宗男（日本維新の会、新党大地代表）だった。

「もうロシアはかつての共産主義のソ連じゃない。自由と民主主義の国じゃないか。領土問題を解決し、平和条約を結べば日露関係はダイナミックに変わる」

こういう森喜朗の率直な物言いがプーチンの琴線《きんせん》に触れたようだ。プーチンは大統領就任式を翌月に控え、多忙を極めていたが、森喜朗との非公式会談に十時間以上を費やした。

森喜朗は父、森茂喜《しげき》の思い出話も披瀝《ひれき》した。根上町長《ねあがり》（現石川県能美市《のみ》）だった森茂喜（一九一〇－一九八九）は、戦前の陸軍将校時代のロシア人との交流が原体験にあり、大のロシアびいきで知られる人物だった。「悪いのは共産主義であり、ロシア人は善良なんだ」が口癖で、森喜朗への遺言《ゆいごん》も「日ソ草の根交流を引き継げ」だった。

平成十二（二〇〇〇）年九月、約束通り初来日を果たしたプーチンは森喜朗にこう言った。

「ヨシ、領土問題さえ解決すれば日露はもっと手を組める関係になる。ただ、私はまだ大統領になったばかりなので、もう少し時間が必要なのだ」

森喜朗は平成十三（二〇〇一）年三月に再び訪露し、プーチンとイルクーツク声明に署名した。日ソ共同宣言を「平和条約交渉プロセスの出発点」と位置づけ、「歯舞《はぼまい》群島と色丹島《しこたんとう》」と「国後《くなしり》、択捉《えとろふ》両島」の交渉を分離する並行協議を行うことで合意したのだ。実はこの時、森喜朗はプーチンに重大な告白をしていた。

「ウラジーミル、まだ内緒なんだが、俺は近く首相を辞める。だが、次の首相に誰がなっても日露外交だけは何とか前に進めたいんだ」

プーチンは驚いて「ヨシ、何を言っているんだ。辞めたらダメだ」と慰留したが、「気持ちはうれしいが、日本の政治はそう思い通りにはならんのだ。辞め時は私が一番よく分かっている」と答え、翌四月に退陣してしまった。

森喜朗に次を託されたのは、同じ清和研出身の小泉純一郎だったが就任早々、とんでもない大失敗をやってしまった。森喜朗の反対を押し切って田中眞紀子を外相に起用したのだ。勉強不足のくせに何から何まで思いつきで動き、えらそうでわがまま。外務省は田中眞紀子に翻弄《ほんろう》された。日露についても唐突《とうとつ》に四島返還論を持ち出し、日露交渉は振り出しに戻ってしまった。

それでも森喜朗はその後何度もロシアを訪れ、プーチンと親交を重ねた。膠着《こうちゃく》状態だった日露交渉が再び動き出したのは、十年以上の歳月を経た平成二十四（二〇一二）年十二月。安倍晋三が首相に返り咲いてからだった。

翌二十五（二〇一三）年二月、森喜朗は安倍晋三の特使として訪露し、プーチンと十六回目の会談を行った。プーチンは前年三月に一部外国メディアの会見に応じ、「引き分け」という日本語を持ち出して「領土問題を最終的に解決したいと強く願っている」と語った。森喜朗が「引き分け」の真意を問うと、プーチンはおもむろに紙とペンを取り出し、大きく四角形を書いた。

「ヨシ、これは道場だ。端っこで組むからすぐに場外に出てしまい『待て』となる。真ん中で組んで初めて『よし、始め！』となる。これが引き分け論だ。ヨシ、ハジメだ（笑い）」

森喜朗は一枚の写真を取り出した。平成三（一九九一）年四月にミハイル・ゴルバチョフがソ連大統領として初来日した際の写真だった。元外相の安倍晋太郎は晩年、北方領土返還に政治生命をかけていたが、がんを患い、この時はもはや手の尽くしようのない容体だった。安倍晋太郎は医師を説得して病院を抜け出し、ゴルバチョフを笑顔で迎えた。写真には、ガリガリに痩《や》せた安倍晋太郎を後ろから必死に支える若き日の安倍晋三が写っていた。実は、安倍晋太郎と親しかった俳優の芦田伸介のはからいで、役者が使う含み綿を詰め物としてあちこちに入れて、撮影したものだった。

「ウラジーミル、これを見てくれ。これが若き日のシンゾーだ。シンゾーの日露関係をよくしたいという思いは本物だぞ」

森喜朗がこう説明するとプーチンは食い入るように写真を見つめ、「この写真をもらっていいか？」とほほ笑んだ。森喜朗がうなずくとプーチンは大切そうにスーツのポケットにしまった。

二カ月後の四月末、安倍晋三は日本の首相として十年ぶりにロシアを公式訪問した。日露交渉は一気に進展するかと思われたが、またもやブレーキがかかった。平成二十六（二〇一四）年のウクライナ騒乱とクリミア危機だ。三月十八日にプーチンがクリミア併合を表明すると、欧米諸国は一斉に反発し、日本も対露制裁に同調せざるをえなくなった。八月下旬、露チェリャビンスクで開かれた世界柔道選手権で、ロシア選手を激励にきたプーチンは、柔道家の山下泰裕《やすひろ》に吐き捨てるように言った。

「シンゾーには裏切られた。全く信用できない男だな！」

山下泰裕から電話でこの話を伝え聞いた森喜朗はすぐにモスクワに飛んだ。九月十日、険しい表情のプーチンを前に森喜朗はこう切り出した。

「ウラジーミル、君の怒りは誤解だ。安倍晋三が科した経済制裁は実害のないものばかりじゃないか。嘘だと思うならよく調べてごらんなさい」

プーチンは「日本は結局は米国のいいなりじゃないか」と憤《いきどお》りを露わにしたが、森喜朗はこう言い返した。

「日本の周りは核を持った国ばかりですよ。彼らが核を使用した時にあなたは助けてくれるかい？　助ける義務はないよね。日露には平和条約さえないんだから。でも米国は同盟国だから助けてくれる。言葉はよくないが、そういう関係なんだから米国に追随せざるをえないところもある。そこをよく考えてくださいよ」

ここで森喜朗は再び安倍晋三の若き日の写真の話を持ち出し、「シンゾーはあの頃と何も変わっていない。俺を信用するならシンゾーも信用してくれ」と頭を下げた。プーチンは黙ったままだった。

これが奏功し、日露交渉は再び動き出した。平成二十八（二〇一六）年五月、プーチンはロシアの保養地ソチで安倍晋三を笑顔で迎えいれた。夕食を含め三時間に上る会談で、安倍晋三は「新しいアプローチ」の交渉を提案し、プーチンも同意した。半年後の十二月には、安倍晋三は安倍家のルーツである山口県長門《ながと》市にプーチンを招き、手厚くもてなした。夕食は海の幸《さち》や山の幸のオンパレードだったが、プーチンはふぐだけは「この魚には毒がある」と言って口にしなかった。元KGBの工作員は毒には敏感なのだろう。

翌二十九（二〇一七）年七月、森喜朗は露エカテリンブルクを訪ね、プーチンと旧交を温めた。プーチンは森喜朗の誕生日（七月十四日）を祝って大きなケーキを用意し、帰りは大統領専用車でホテルまで送ってくれた。

平成三十（二〇一八）年十一月十四日、広大なトロピカルガーデンに囲まれたシンガポールの「シャングリ・ラ・ホテル」で、安倍晋三とプーチンは通訳のみを介して一対一で向き合った。安倍晋三は、父、安倍晋太郎が死の間際《まぎわ》まで日露関係修復に情熱を傾けたことを打ち明け、こう語りかけた。

「ウラジーミル、もう歴史的なピンポンは辞めよう。私たちで領土問題に終止符を打つべきではないか」

「ピンポン」とは、「四島の帰属を」（日本）と「領土問題は存在しない」（ロシア）という無意味な応酬はやめにしようという意味だった。この言葉にプーチンは深くうなずいた。二人は会談の最後で外務事務次官の秋葉剛男《たけお》、露外相のセルゲイ・ラブロフらを部屋に呼び込み、平和条約締結に向け、準備を進めるよう指示した。これが終わると、プーチンは満足そうに微笑み、安倍晋三をハグした。

日露外交は一気に進むかに見えたが、再びブレーキがかかった。ロシアには「領土は祖先の血によって得たものであり、血を流しても守らねばならない」という考えが根強くある。おそらく露政府内の強硬派が巻き返したのだろう。平成三十一（二〇一九）年一月、安倍晋三は訪露し、プーチンと通算二十五回目の会談を行ったが、プーチンの態度は別人のように頑《かたく》なだった。

二国間で領土交渉をまとめるには、双方に強力な政権がなければならない。日露交渉の場合は、米国がどう動くかも重要な要素となる。そういう意味で、日本の首相が安倍晋三で、露大統領がプーチン、そして米大統領が反露感情の薄いトランプという布陣は千載一遇《せんざいいちぐう》のチャンスだった。

令和二（二〇二〇）年九月に安倍晋三は退陣したが、後任の首相、菅義偉とは良好な関係にある。森喜朗もなお健在だ。一議員となった安倍晋三が森喜朗とともに水面下で日露交渉を動かす可能性は十分残っている。

安倍晋三と福田康夫

安倍晋三は小泉純一郎首相の下で官房副長官を務めたが、官房長官だった福田康夫とは、とにかく仲が悪かった。岸信介の孫で安倍晋太郎の息子である安倍晋三と、元首相の福田赳夫の息子、福田康夫は、ともに清和研の正統な継承者だったが、国家観も、思想・信条も、性格も、政治手法も全くそりが合わない。福田康夫は安倍晋三が次に何を仕掛けてくるのか、気になって仕方がないし、安倍晋三も同じだった。記者たちも安倍番と福田番で腹を探り合うという暗闘が続いた。

二人の対立が顕在化《けんざいか》したのは、平成十四（二〇〇二）年九月、小泉純一郎の訪朝がきっかけだった。福田康夫は、日朝交渉の責任者だった外務省アジア大洋州局長、田中均《ひとし》（後の外務審議官）と足並みをそろえ、日朝国交正常化を一気に進めようとした。これに対して、安倍晋三は「拉致《らち》問題の解決なくして国交正常化などありえない」と踏ん張った。拉致議連（北朝鮮に拉致された日本人を早期に救出するために行動する議員連盟）を主導し、北朝鮮に融和的な政府・与党を批判してきただけに、こう言って譲らなかった。

「北朝鮮には拉致だけでなく核やミサイルの問題もある。それを解決せず性急に国交正常化をすれば、国益に反するばかりか、将来に大きな禍根を残す」

九月十七日に平壌《ピョンヤン》で行われた日朝首脳会談に安倍晋三も同行した。首脳会談は午前と午後の二回。午前の会談が平行線に終わり、北朝鮮側が申し出た昼食会を断って、日本の交渉団は控え室で弁当を食べた。ここで安倍晋三は「午後の会談で拉致問題を認めないなら席を立って帰りましょう」と進言した。おそらく北朝鮮側は盗聴していたのだろう。午後の会談で、北朝鮮のトップである金正日《キムジョンイル》（一九四一－二〇一一）は唐突に拉致を認め、謝罪した。そこで両首脳は「日朝平壌宣言」を交わし、十月十五日に蓮池薫《はすいけかおる》・祐木子《ゆきこ》夫妻ら拉致被害者五人の帰国が実現した。

日朝首脳会談で北朝鮮側が横田めぐみさんら八人を「死亡した」と説明したこともあり、日本では、北朝鮮への怒りが渦巻いていた。そんな中で田中均は「北朝鮮との約束通り、五人を一度北朝鮮に戻すべきだ」と主張し、福田康夫もこちらに与《くみ》した。これに対し、安倍晋三は「なぜ拉致した国に拉致被害者を返すのか。絶対に返すべきでない」と言い張り、激しく対立した。結局、世論に敏感な小泉純一郎は最終的に安倍晋三の主張に乗り、五人は日本に残ることになったが、もし五人を北朝鮮に戻してしまっていたら、おそらく五人は今も日本に帰ることができなかっただろう。小泉政権も大きく傾いたに違いない。

田中均ら当時の政府・外務省は年内の国交正常化を目指していた。もし、安倍晋三が踏ん張らなければ、五人の一時帰国だけで拉致問題にピリオドが打たれ、核やミサイルの問題もなおざりのまま国交正常化していただろう。そうなれば日朝平壌宣言に基づき、日本は北朝鮮に多額の経済協力を行い、米ブッシュ政権との関係もこじれていたはずだ。小泉外交は実に危なっかしかった。

安倍晋三と福田康夫の確執はその後も続いた。福田康夫は平成二十四（二〇一二）年の衆院選を機に森喜朗とともに引退し、長男の福田達夫に議席を譲ったが、安倍晋三とのわだかまりは解消していない。清和研の二重螺旋の構図は今なお変わっていない。

盟友・麻生太郎との出会い

日朝首脳会談を契機に安倍晋三は一躍時の人となった。平成十五（二〇〇三）年秋の内閣改造・党役員人事で、小泉純一郎は、安倍晋三を自民党幹事長に抜擢した。衆院任期が迫っていたため、拉致問題で「時の人」となった安倍晋三を「選挙の顔」として使おうと考えたのだ。前任の幹事長、山崎拓《やまさきたく》は『週刊文春』にその変態ぶりを毎週のように報道され、交代させせなければ、自民党が「変態の仲間たち」と思われる可能性もあった。

この時の内閣改造で、政調会長だった麻生太郎は総務相を命じられた。旧郵政省を旧自治省などと統合してできた総務省は、郵政民営化の主戦場となる省庁だった。この頃の麻生太郎は「親小泉」で政権を支えていくか、それとも「反小泉」を掲げて天下を狙うか、悩んでいた。小泉純一郎はそれが分かっていたからこそ、反小泉勢力を分断すべく総務相として麻生太郎に郵政民営化を任せたのだ。

この頃まで麻生太郎と安倍晋三にはほとんど何も接点はなかった。麻生太郎から見れば、十四歳も年下の安倍晋三など「うまく時流に乗った若造」にすぎなかったし、安倍晋三も麻生太郎を敵勢力だと考えていた。麻生太郎が所属していた派閥「大勇会」会長は、安倍晋三が心底嫌っている元自民党総裁、河野洋平だったからだ。

麻生太郎は元々、宏池会の所属だったが、宏池会領袖で元首相の宮澤喜一《きいち》（一九一九－二〇〇七）は、平成十（一九九八）年に後継の領袖に加藤紘一を選んだ。「反加藤」の急先鋒《きゅうせんぽう》だった麻生太郎は居場所がなくなり、加藤紘一の対抗馬だった河野洋平を担いで宏池会を飛び出し、「大勇会」を結成した。これが現在の志公会《しこうかい》（麻生派）の原型となる。

そもそも加藤紘一と河野洋平に跡目を競わせる宮澤喜一は一体何を考えていたのかと首を傾《かし》げざるを得ないが、つい二十年前までの自民党は今では考えられないほどリベラル勢力に毒されていたのだ。逆に言えば、安倍晋三や中川昭一は「超」の付く異端児であり、「浮いた存在」だった。

麻生太郎も同じように「浮いた存在」だった。小泉純一郎が総裁に就任した平成十三（二〇〇一）年の総裁選に出馬したが、惨敗した。自民党内では「金持ちの道楽」としか思われていなかった。だが、外交・安全保障を含め、麻生太郎の国家観は安倍晋三とほとんど変わらない。そこである日、私は麻生太郎にこう進言した。

「首相の座を狙うならば、一度、安倍さんとじっくり話してみてはどうですか。出自《しゅつじ》も考

麻生太郎

え方も同じ、ついでに敵も同じなんだから話が合わないはずがない。たった十人の弱小派閥では総裁選には絶対勝てない。そういう意味で安倍晋三とのパイプは大事ですよ」
　麻生太郎はしばらく考えて「そうだな。一度飯でも食ってみるか」と答えた。
　二人の会談が実現したのは、その一カ月ほど後だった。夕食を共にした後、麻生太郎は安倍晋三を当時銀座にあった高級クラブに誘った。麻生太郎は、ある意味で浮気をしない男で知らない店には行きたがらない。レストラン、料亭、バーなど、行きつけの店がいくつかあり、それをグルグルと回り続けるのだ。その極めつきが銀座のクラブ。ここは麻生太郎が「真の友人」と認めた人しか連れていかない店だった。
　二人の会談後、しばらくして麻生太郎は私に笑顔でこう打ち明けた。「確かに安倍とは考え方が全く一緒だな。米国や中国など外交・安全保障から経済政策までいろんな話をしたが、驚くほどピタリと意見が一致したよ」。安倍晋三も「いや、麻生さんっていいね。宏池会とは思えないよ。なんで河野洋平なんかを担いだんだろ」と言った。

ここから二人の親交が始まった。そもそも安倍晋三の自宅と、麻生太郎の自宅は歩いても五分ほどの距離しかない。どちらかが散歩がてらにブラリと立ち寄るようになり、盟友と言われるほど固い絆で結ばれるようになった。もし二人が敵対したままだったら、ここ十数年の政局は全く違う形で動き、安倍晋三の再登板もなければ、七年九カ月弱にわたる長期政権を築くことはなかっただろう。

麻生太郎の奇妙な習性

麻生太郎は「半径一メートルの男」と言われる。半径一メートル内に近づくと、その魅力がよく分かるからだ。

「炭鉱王」と言われる麻生太吉《たきち》(一八五七－一九三三)のひ孫で麻生財閥の事実上の総帥でもある。母方の祖父は元首相の吉田茂、曾祖父《そうそふ》は外相などを務めた牧野伸顕《のぶあき》(一八六一－

一九四九）、高祖父《こうそふ》は大久保利通《としみち》（一八三〇－一八七八）。さらに義父は元首相の鈴木善幸《ぜんこう》（一九一一－二〇〇四）、義弟は総務会長や五輪担当相などを務めた鈴木俊一《しゅんいち》で、血縁は皇室にも広がる。これほど華麗なる閨閥《けいばつ》を誇る人物は政界にもほとんどいない。

祖父の吉田茂に似たのか、口が悪く失言も多いが、「銀のスプーン」どころか「金のスプーン」をくわえて生まれてきただけに、その立ち居振る舞いに何とも言えない気品がある。店に入ると皺《しわ》にならぬようスーツを自分でハンガーにかけ、トイレで手を洗った後はハンドペーパーで洗面台の回りをきれいに拭《ふ》く。フォーク・ナイフの持ち方、葉巻のくわえ方。何気なくやっている動作の一つひとつが「粋《いき》」なのだ。

幼い頃の思い出話の一つひとつが戦後政治史なのも驚いた。

「俺が弟（麻生次郎、故人）と爺さんの家で遊んでいたら、玄関がバタンと開いてな。げっそりと痩せた眼光の鋭い爺さんがコツンコツンと杖《つえ》をついてこっちに向かってくるわけよ。着物にトンビ（和装用マント）を着てるんだが、風でバタバタなびいてね。俺と弟は『黄金バットが来た』と廊下の端で固まってたんだ。そしたら、その爺さんは俺たちの前でピタリと止まってジーッと見つめてな。『お孫さんか？　ええ子になれよ』って言うんだよ。子供ながら、この爺さんはタダ者じゃねえ、と思ったよ」

誰の話かと思っていたら、三木武吉《ぶきち》（一八八四－一九五六）だった。日本民主党総務会長などを歴任し、保守合同を成し遂げた三木武吉は吉田茂と常に反目したが、乾坤一擲《けんこんいってき》の会談の場に少年・麻生太郎は居合わせていたわけだ。吉田茂が「ちょっと孫と本を読みにいく」と言って国会図書館に行き、共産党書記長だった徳田球一《とくだきゅういち》（一八九四－一九五三）と密会しているのも何度も目撃したそうだ。

吉田茂の妻、雪子は戦前に早逝したため、首相時代は、長女で麻生太郎の母親である麻生和子（一九一五－一九九六）がファーストレディー役を務めた。麻生太郎の父、麻生太賀《たか》吉《きち》（一九一一－一九八〇）は麻生炭鉱の総帥だったが、義父である吉田茂に惚れ込んで、側近兼スポンサーとして支え続けた。「義父《おやじ》を支えるのに議員バッジをつけていないと不便だ」と衆院議員になったが、「役職に就いたら親父を支えられなくなる」と無役を貫き、吉田茂の引退とともに政界を退いてしまった。

東京渋谷・神山町《かみやまちょう》の吉田邸（現麻生太郎邸）には、毎月筑豊《ちくほう》から大量の石炭袋が届いたが、中に札束がぎっしり詰まった袋が隠されており、麻生太賀吉は夜な夜な吉田茂の財布がパンパンになるほど札束を詰め込んでいたそうだ。まるでグリム童話に出てくる靴屋の小人《こびと》のようではないか。麻生和子は「あなた、お父さんにあんまり肩入れしてたら、お家が破産しちゃいますよ」とたしなめたが、麻生太賀吉は聞く耳を持たなかった。

このように麻生太郎は吉田茂の事実上の内孫として育った。当時の新聞記者に「太郎くんはいい子だから特別に俺のカメラを貸してあげよう」とライカのカメラを渡され、吉田茂が私邸でくつろいでいる姿をパチパチと撮ったら、それが新聞の一面を飾った。吉田茂が「誰がこんな写真を撮ったんだ！」と激怒したが、可愛い孫が犯人だと分かり、苦笑いしたこともある。昭和三十（一九五五）年の保守合同（自由党と日本民主党の合併）の際、吉田茂は「権力は巨大化すると腐敗する」と猛反対したが、そんな吉田茂を説得するため、自由党総裁だった緒方竹虎《たけとら》（一八八八－一九五六）らが大磯《おおいそ》の吉田邸を訪ねた際、お茶くみをしていたのも少年・麻生太郎だった。

戦前に英国大使を務め、英国かぶれだった吉田茂の傍《そば》で育ち、英国留学経験もある麻生太郎は英国貴族のような奇妙な習性がある。自らにさまざまなルールを課し、それを守らないと気がすまないのだ。

早朝に一時間ウォーキングをする。寝る前に腹筋、腕立て伏せをする。夜九時以降は飯を食わない。国会審議中は絶対に寝ない――等々。ルールはさまざまあるが、よく分からないのが「深夜十二時まで家に帰らない」というルールだった。麻生太郎は政治家や財界人らとの会合の後、ホテルのバーなどでスコッチウイスキーのソーダ割りを一杯飲みながらゆっくりと葉巻を吸い、親しい政治家、記者、官僚らとたわいもない話をしてクールダウンするのを日課としてきた。こっちも眠くなってきて「明日は予算委員会で朝が早いのでそろそろ帰りましょうか？」と水を向けると、時計を見ながら「あと十五分待て」。時計が十二時を回っていなかったのだ。麻生太郎はシンデレラの逆バージョンなのか。一体何の意味があるのか、今もよく分からない。

麻生太郎は実に大らか。それでいて正義感が強く、真の意味で教養豊かな人物だ。強いて言えば、人を疑う感覚に乏しいのが欠点だといえる。政界は海千山千《うみせんやません》ばかりなので、麻生太郎はしばしば騙されてきたが、これも良いところなのかも知れない。戦前の日本は全国各地にこういう大らかな大旦那がいて、うまく街を治めていたのではないだろうか。GHQの統治により、このような大旦那衆が消えてしまったことが、戦後日本を世知辛《せちがら》い世の中にしてしまったように思えてならない。

後に麻生太郎が首相になった際、各メディアは「連夜のホテルのバー通い」「カップラーメンの値段さえ知らない」「漢字が読めない」などとバッシングを続けた。おそらく麻生政権を失墜《しっつい》させ、早く民主党政権を樹立したかったのだろうが、全くどうでもいい批判だった。国民のひがみ根性を煽《あお》る報道は効果的かも知れないが、卑劣《ひれつ》であり、ろくな結果をもたらさない。次に誕生する民主党政権がそれを証明してくれたのではないか。

しかも民主党代表として首相になったのは鳩山由紀夫だった。祖父は元首相の鳩山一郎（一八八三―一九五九）、父は元外相の鳩山威一郎《いいちろう》（一九一八―一九九三）、母方の祖父はブリヂストン創業者の石橋正二郎《しょうじろう》（一八八九―一九七六）という麻生太郎に比肩《ひけん》する閨閥の生まれ。ただ、麻生太郎と違って、自らを律することができない甘ったれで母、鳩山安子《やすこ》（一九二二―二〇一二）から月一千五百万円の〝子供手当て〟をもらっていた。各メディアはそれに気づいていたが、民主党が政権を取るまで産経新聞を除いて問題視するメディアはなかった。ダブルスタンダードの極みだといえる。

郵政民営化の深層

総務相となった麻生太郎は郵政民営化を推進する側に大きく舵《かじ》を切った。これは小泉純一郎への忠誠心からではない。郵政公社初代総裁の生田正治《いくたまさはる》に惚れ込んだからだった。商船三井会長だった生田正治は海運・物流事業のプロ。そこで目をつけたのは、郵政公社の郵貯・簡保《かんぽ》事業ではなく、お荷物扱いされていた郵便事業だった。

「郵政公社のスケールメリットを活かせば、日本の物流業界を再編し、国際物流の世界に打って出ることができる。アジアでナンバーワンを狙える」

こう考えた生田正治は、民営化により、ドイツポスト傘下のＤＨＬや、米国のＦｅｄＥｘに対抗できるような国際物流会社に生まれ変わる構想を示した。麻生太郎はこれに共鳴し、民営化推進派として動き出したのだ。郵政民営化時に総務会長だった久間章生《きゅうまふみお》らが推進派に転じたのも生田正治の存在があったからだ。強烈な抵抗勢力だった郵政公社職員も次第に生田正治の考えに共鳴するようになってきていた。

残念なことに、郵政解散で自民党が圧勝した後の平成十七（二〇〇五）年秋の内閣改造で麻生太郎は外相に横滑りし、後任の総務相には、小泉純一郎のブレーンである竹中平蔵が就任した。竹中平蔵の関心は、郵便事業ではなく郵貯・簡保が抱える巨額の金融資産に向いていた。竹中平蔵は生田正治を切り捨て、三井住友銀行元頭取の西川善文《よしふみ》を二代目郵政公社総裁に据えるべく動いた。これにより、郵政民営化は物流を主軸とした路線から、金融を主軸とした路線に大きく転じてしまった。もし、生田正治が民営化後の日本郵政（ＪＰホールディングス）社長に転じていたら、全く別の形態になっていたに違いない。いずれにせよ、三顧《さんこ》の礼で郵政公社初代総裁に迎え入れられながら、何の瑕疵《かし》もないのに切り捨てられた生田正治が断腸の思いで郵政公社を去ったことだけは間違いない。

怨念の政治家・小泉純一郎

生田正治の更迭《こうてつ》が、小泉純一郎の意向だったかどうかはよく分からないが、おそらく違うだろう。小泉純一郎は郵政省を民営化することだけに主眼を置き、民営化後の姿に興味があったとは思えないからだ。

小泉純一郎が郵政民営化に固執したのも分からなくはない。小泉純一郎は平成四（一九九二）年十二月、宮澤喜一改造内閣で郵政相として入閣した。元々は大蔵族で、大の経世会（現平成研究会）嫌いの小泉純一郎は「経世会が郵貯・簡保の資金を財政投融資という第二国家予算として好き放題に使っているのはおかしい」と郵政省解体論を公然と語っていた。そんな小泉純一郎を郵政相にする宮澤喜一は一体何を考えていたのかと思うが、小泉純一郎に当時の郵政官僚がやった仕打ちはあまりに酷《ひど》かった。

郵政官僚は、小泉純一郎のいる大臣室に一切電話を取り次がなかった。決裁は自民党郵政族の了承を取り、官邸に報告した上で事後決裁の形で小泉純一郎に持っていった。要するに小泉純一郎に一切仕事を与えなかったのだ。それでも小泉純一郎は、午前九時から午後六時まで毎日欠かさず郵政省に登庁した。誰も来ず、電話さえかかってこない大臣室で小泉純一郎は一人何を考えていたのか。

「郵政省だけは許せない。絶対に潰《つぶ》してやる。では、どうやったら潰せるのか？　郵政相では無理だ。そうだ！　総理になるしかない」

そう思ったに違いない。小泉純一郎が自民党総裁の座を公然と狙いだしたのは郵政相をやった後からだ。つまり小泉純一郎は郵政省を潰すためだけに首相になったのだ。その怨念の凄《すさ》まじさは並大抵ではない。私が小泉純一郎を「怨念の政治家」と呼ぶのはこのためだ。

郵政省に限らず、平成初頭までの官僚たちは「日本を支配している」と錯覚し、政治家をなめ切っていた。官僚出身の政治家さえ味方に引きつけておけば、党人派の政治家は「アメ玉さえ与えておけば何とでもなる」と考えていたのだろう。なめられる政治家も問題だが、振り返ってみれば、戦前、戦後を通じて日本はまさに官僚国家だった。吉田茂、岸信介、池田勇人、佐藤栄作、中曽根康弘（一九一八－二〇一九）と長期政権を築いた首相は官僚出身者ばかり。官僚を使うのが上手いと言われた田中角栄でさえ短命で終わっている。

そんな官僚たちを心底震え上がらせたのが小泉純一郎だった。そういう意味では偉大な政治家と言える。そして小泉純一郎政権以後、今日に至るまで霞が関の官僚機構は手痛いしっぺ返しを食らっている。今の官僚たちは傲岸不遜《ごうがんふそん》だった昭和の官僚と世代が違うので若干可哀想ではあるが、勘違いした官僚はまだ少なくない。貧困女子を〝調査〟していた元文部科学事務次官の前川喜平《きへい》などはその最たるものだろう。

怨念の政治家・小泉純一郎には常軌《じょうき》を逸《いっ》した逸話が少なくない。小泉純一郎政権で総務相や外相を歴任した麻生太郎は、よく閣議後に首相執務室で小泉純一郎と話し込んでいた。ほとんどは駄話《だばなし》だったようだが、ある日、麻生太郎は小泉純一郎にこう切り出した。

麻生太郎「総理、あなたの表の功績は、道路公団民営化や有事法制、国民保護法制などいくつもありますが、裏の功績を三つ挙げるとすれば何だと思いますか？」

小泉純一郎「裏の功績か？　ちょっと思いつかないな。一体何だ？」

麻生太郎「一つは朝鮮総連に切り込んだことだ。これは歴代首相が誰も手をつけられなかった聖域だった。これで闇社会は震え上がったんですよ」

小泉純一郎「ふーん、そうなのか。で、二つ目はなんだ？」

麻生太郎「部落解放同盟に切り込んだことだ。これに日本社会はもっと仰天したんですよ」

小泉純一郎「そうなのか。俺はそういう話は疎《うと》くてね。全然気づかなかったな。それで三つ目はなんだ？」

小泉純一郎

麻生太郎「そりゃ、あの経世会を潰したことでしょうよ」

こう言うと、小泉純一郎はニヤリと笑ってこうつぶやいた。

「番記者も全部潰してやったよ……」

小泉純一郎の政治家人生の半分は、政界で利権の大半を握っていた経世会をいかに潰すかに費やしてきたといっても過言ではない。郵政民営化もその延長線上にあった。それだけに麻生太郎の言葉はよほどうれしかったのだろう。政治家に飽《あ》き足らず番記者まで潰す。まさに「怨念の政治家」ならではの一言ではないか。五年半にわたる小泉純一郎の治政は功罪相半ばするが、小泉純一郎の登場により、政治家と官僚の関係が大きく変わったことだけは間違いない。

第五章

第一次政権の失敗から学んだこと

党改革と幹事長代理

平成十五（二〇〇三）年に幹事長になった安倍晋三は十一月の衆院選で自民党を安定多数の勝利に導き、その務めを果たしたが、平成十六（二〇〇四）年七月の参院選で窮地に陥《おちい》った。参院選前に「自民党が五十議席取れなかったら辞任する」と明言したにもかかわらず、四十九議席しか取れず、民主党が五十議席も取ってしまったからだ。

安倍晋三は、幹事長就任直後から党改革に取り組んだ。党改革の柱は公認制度の見直しだったが、これがベテラン議員との軋轢《あつれき》を生んだ。

自民党は、現職ならば、本人が引退を決意しない限り、次の選挙でほぼ自動的に公認を得ることができた。「次の選挙で再選は無理だろう」と衆目の一致するロートル議員でも、現職であれば自動的に公認され、往々にして落選した。自民党は自ら進んで議席を失っているようなものだった。それ以上に深刻なのは「次」を狙っている有為《ゆうい》な人材が他の政党に行ってしまうことだった。

その選挙区で「次は国政に挑戦したい」と思っている人は無所属で出るか、別の政党から出るしかない。かつての中選挙区制では、保守系若手がどこかの派閥の後押しを受けて無所属で出馬し、うだつの上がらないベテランが落選するという形で順繰りに「血の入れ替え」が行われてきた。ところが、平成八年（一九九六）年の衆院選で小選挙区比例代表並立制が導入されたことにより、無所属での当選は至難の業《わざ》となった。中選挙区制にあった「血の入れ替え」が止まってしまったのだ。

本当は自民党から国政に出たかったが、現職がいて公認をもらえないので、やむなく旧民主党から出馬したという政治家も少なくない。ダメな自民党候補が落選してくれれば、次の選挙で別の候補にすげ替えることもできるが、比例代表並立制なので惜敗率が高ければ復活当選してしまう。またもや自動的に次の衆院選で公認を得るという悪循環に陥っていた。

「こんな現職優遇を続けていると、党勢は衰える一方じゃないか。いずれ自民党は下野《げや》するしかなくなる」

安倍晋三はこう考えた。政治改革で小選挙区制比例代表並立制を導入した際のお題目は「政権交代可能な政治制度を作る」ことだったが、それが現実味を帯びつつあった。これを防ぐには、公認候補の選考過程を透明化し、新人にチャレンジ権を与えるしかない。そう考えて安倍晋三は党改革を始めたのだ。公認をめぐり決着がつかない場合は、予備選の導入も視野に入れていた。

これが安倍晋三の「党改革」の骨格だったが、ベテラン勢は猛反発した。我が身が危うくなるどころか、「いずれは息子に地盤を」と考えていても、すんなりと世襲できなくなるからだ。激しい抵抗の中で安倍晋三は何とか中間報告をまとめたが、自民党内には「反安倍」の空気が醸成されていた。そんな中で参院選で「五十議席」という公約を果たせなかったことは大きな痛手だった。幹事長を辞めなければ「大見得を切っておきながら辞めないなんて情けない男だ」と言われる。幹事長を辞めても「ビッグマウスが墓穴を掘った」と言われただろう。

小泉純一郎は当然のように慰留《いりゅう》した。安倍晋三が参院選で引責辞任すれば、次は総裁である自らの責任を問われるに決まっているからだ。ここで慰留を振り切って辞めれば、安倍晋三と小泉純一郎の溝は修復不能にまで広がってしまう。困り果てていた安倍晋三に、私はこんな進言をした。

「辞任すると明言したのだから、留任すれば世間の風当たりは強いですよ。かと言って慰留を振り切って辞めると、小泉さんは『安倍は裏切った』と敵視しかねない。小泉さんに

『辞めると明言したのだから、ここで辞めなければ私の政治生命が危うくなります。でも、党改革だけは何としてもやり遂げたかった』と説明してみてはどうですか？」

安倍晋三は怪訝《けげん》な顔つきで「それが何の意味があるんだよ？」と訊くのでこう答えた。

「たぶん、小泉首相は党改革にそれほど興味がなかったでしょ。こう説明すれば『安倍くんがこだわる党改革って一体何なんだ？』と食いついてきますよ。党執行部に留まることができるだろうし、上手くいけば幹事長代理がくっついてくる。幹事長から幹事長代理に降格するんだから世間体《せけんてい》は保てるし、党改革も続けられるじゃないですか」

安倍晋三は首相官邸に行き、小泉純一郎にそういう旨《むね》の説明をすると、案の定、小泉純一郎は「党改革って何だ？」と食いついてきた。この直後の内閣改造・自民党役員人事で、安倍晋三が拝命したポストは幹事長代理兼党改革実行本部長だった。幹事長は武部勤《たけべつとむ》というサプライズ人事だったので衆目はそっちを向いたが、安倍晋三を幹事長代理にしたことこそがこの時の人事の要諦《ようてい》だった。

ただ、安倍晋三もその時は気付かなかったが、小泉純一郎が興味を持ったのは党改革そのものではなく、公認をめぐる幹事長権限の強化だった。これは一年後の郵政解散で遺憾なく発揮された。郵政民営化法案の造反議員から容赦なく公認を剝奪《はくだつ》し、刺客《しかく》を立てる。

こうした非情な仕打ちはどうやら党改革からヒントを得たようだ。「怨念《おんねん》の政治家」は本当に恐ろしい。

人権擁護法案潰し

安倍晋三が幹事長代理に降格した後の一年間は、ある意味で充実した日々だった。番記者の数も減り、比較的自由に動けたし、小泉純一郎は平成十七（二〇〇五）年を郵政民営化の天王山と位置づけ、本格的に動き出した。自民党各派も来《きた》るべき政局に備えて水面下の動きを活発化させた。総務相を留任した麻生太郎もジワジワと勢力を拡大していった。

安倍晋三という政治家は、一見気さくで人当たりがよいが、実際には頑固かつ過激な男だ。「これはおかしい」と思うとどんな有力ベテラン議員でも平気で戦いを挑む。お札の顔の目と鼻の部分を山折り、谷折りにして角度を変えると、笑った顔や怒った顔になる。安倍晋三はまさにこれだ。祖父の岸信介に似てほっぺたが張っているので、普段は柔和《にゅうわ》な顔だが、何か気になることがあると、グッと顎《あご》を引いて上目遣いになり「それってどういう意味かな？」と詰問調《きつもんちょう》になる。その時は何とも言えない怖い顔つきになる。安倍晋三を甘く見ていた政治家や官僚たちも、その表情が一変するのを見ると背筋《せすじ》が凍り付くのだ。

しかも安倍晋三の戦術は実に巧妙だった。周到に準備した上で中堅・若手を集結させて一気に気勢を上げ、「数の論理」で圧力をかけるのだ。主義・主張が一致すれば派閥や政党も関係ない。拉致《らち》議連は元々、元衆院議員の西村眞悟や前埼玉県知事で現参院議員の上田清司《きよし》らが野党主導で結成した議員連盟だった。そんな議連に肩入れする安倍晋三は自民党内で奇異の目で見られていた。

拉致議連もそうだが、安倍晋三は議員連盟を使った政局を最も得意としていた。政策ごとの「勉強会」を名乗っていれば、派閥幹部による締め付けが少ないからだ。二回生議員だった平成九（一九九七）年には中川昭一らとともに「日本の前途と歴史教育を考える議員の会」を結成し、自民党を牛耳《ぎゆうじ》っていた元幹事長の野中広務《ひろむ》や河野洋平らに対抗した。加藤紘一が、小泉純一郎の靖國神社参拝をネタに倒閣を企《くわだ》て、「国立追悼施設を考える会」を設立するや否や、中堅・若手議員を多数集めて「平和を願い真の国益を考え靖国神社参拝を支持する若手国会議員の会」（平和靖国議連）を結成し、加藤紘一の動きを封じた。

小泉純一郎の二男、小泉進次郎がさまざまな場面で安倍政権を牽制《けんせい》する発言を続けてきたが、あれは単なるパフォーマンスにすぎない。小泉進次郎の言動に苛《いら》つく安倍晋三にこう言ったことがある。

「小泉進次郎なんてかわいいもんじゃないですか。いくら発信力があっても単なる言いっぱなしだ。安倍さんが若かりし頃は単に批判するだけじゃなく、議連を作って徒党を組み、本気で政権に対抗したじゃないですか。野中広務ら当時の自民党執行部は腸《はらわた》が煮えくりかえっていたんでしょうね。進次郎がやってることなんて、あの頃の安倍晋三に比べれば駄々《だだ》っ子《こ》みたいなもんだ」

安倍晋三もさすがに苦笑いしていた。

幹事長代理時代の安倍晋三が過激な政治家として本領を発揮したのは、平成十七（二〇〇五）年二月の人権擁護法案潰《つぶ》しだった。人権擁護法案は平成十四（二〇〇二）年三月に閣議決定され、国会に提出されたが、まともな審議もされぬまま、平成十五年十月の衆院解散により廃案となった。政府・与党はこれに一部修正を加えて再び提出しようとしたのだ。

名称こそ「人権を擁護する法案」で文句のつけようがないようにみえるが、これがとんでもない代物《しろもの》だった。独立性の高い国家機関として人権委員会を設立し、人権侵害を取り締まるというのが骨格だが、人権侵害の定義さえはっきりしないのに、人権委員会は令状なしで家宅捜索や取り調べをできる強大な権限を有していた。また、「密告部隊」として民間人に人権擁護委員を委嘱《いしょく》することができるが、これには国籍条項さえなかった。つまり中国や北朝鮮の工作員が委嘱される可能性も十分あるのだ。法務省提出法案だが、元々は部落解放同盟が制定を強く求めてきた経緯があり、これに人権派弁護士や左翼系NGOなどが連携していた。

部落解放同盟の「糾弾権」は、差別と戦う民間団体の行動なのでとやかく言うつもりはないが、国家機関がこれを発動するなら話は全く別となる。言論統制は一気に強まり、憲法二十一条（言論、出版の自由）さえ脅《おびや》かされる。「二十一世紀の治安維持法」と断じてよい。

言論による人権侵害は主観的な要素がどうしても含まれる。人権侵害で告発された人が、たとえ他人を傷つける気がなかったとしても「殴られた者にしか殴られた痛みは分からない」という論理を突きつけられれば被告発者は一切の抗弁権を奪われてしまう。民主主義国家は、自由な言論活動を通じて人権を守っていくものだ。国家権力が言論活動に介入し、「この発言は人権侵害だ」「ここまでならばOKだ」などとガイドラインを引くこと自体がナンセンスとしか言いようがない。韓国で盧武鉉《ノムヒョン》政権や文在寅《ムンジェイン》政権などの超左翼政権が相次いで発足した背景には、金大中《キムデジュン》大統領が日本に先駆けて人権委員会を創設し、北朝鮮に批判的な言動や親日的な言動が抑えつけられたためだとされている。

私が人権擁護法案の危険性に気づいたのは全国の弁護士会が人権委員会を作って「予行演習」をしていたからだった。弁護士会の人権委員会には何の強制権限もないが、「君が代の伴奏を拒否した教師を処分したのは人権侵害だ」「養護学校で使った性教育人形を没収したのは人権侵害だ」「朝鮮学校への補助金打ち切りは人権侵害だ」などとトンデモ勧告を乱発していた。「これは左翼勢力による保守派の言論封殺だ」。そう思った私は安倍晋三に相談した。

「国会に再提出予定の人権擁護法案は危険極まりない。保守派の言動を押さえ込むための左翼によるゲシュタポ法ですよ。いの一番に狙われるのが安倍さんだ。拉致被害者の救出活動だってやり玉に挙げられかねない。何とか法案を潰したいので力を貸してくれませんか。ただ、背景がややこしいので安倍さんは前面に出ない方がいい」

こう説明すると安倍晋三は「そんなにおかしな法案なのか?」と首をかしげながらも「古屋圭司《ふるやけいじ》さんたちとよく相談してみてよ」と言って何人かの政治家に声をかけてくれた。

そこで集まったのが、元国家公安委員長の古屋圭司、現文部科学相の萩生田《はぎうだ》光一、元沖縄・北方担当相の衛藤晟一《えとうせいいち》らだった。今でこそベテラン・中堅となったが、当時は閣僚経験もない若手ばかり。それでも法案の危険性をすぐに理解し、自民党法務部会に大挙して

萩生田光一

衛藤晟一

乗り込んで反対の論陣を張り、一気に法案をつるし上げてしまった。

さほど話題になっていない法案だったので、政府と自民党執行部は、同じ日のうちに法務部会、政調審議会、総務会で了承し、一気に閣議決定する運びだった。それだけに若手議員による法務部会の奇襲攻撃に騒然となった。中でも激怒したのが、法案を主導してきた元幹事長の古賀誠だった。独自の情報網で「首謀者は安倍晋三だ」と割り出した古賀は、現幹事長の二階俊博を連れだって幹事長代理室に押しかけた。

「この法案は引退した野中広務さんから託されたものなんだ。みなさんの懸念は杞憂《きゆう》にすぎない。懸念はすべて払拭《ふっしょく》させるので何とか成立に協力してくれないか」

古賀誠はこう言って頭を下げたが、安倍晋三はにべもなかった。

「今日の話ならば、妥協の余地もあるでしょうが、思想・信条に関わる法案ですよ。反対する議員たちを力で押さえ込むことはできません」

会談は一時間近く続いたが、ずっと平行線のまま。古賀誠は憤然として部屋を出ていった。様子をうかがいに部屋に入ると、安倍晋三は例の怖い顔でソファーに座っていた。

「君が危険な法案だと言っていた意味がよくわかったよ。これはとんでもない法案だ。こんな法案は何が何でも葬り去らなければならないね」

安倍晋三には、秘密の「過激スイッチ」がある。それが明らかにオンになっていた。安倍晋三はこう言うと、平沼赳夫《たけお》や中川昭一らを仲間に巻き込んで一気に法案を葬り去ってしまった。ジャーナリストの櫻井よしこ、評論家の西尾幹二、現麗澤《れいたく》大学教授の八木秀次《ひでつぐ》らも相次いで反対の論陣を張り、「北朝鮮に拉致された日本人を救出するための全国協議会」（救う会）も「法案は拉致問題の解決の妨《さまた》げになる」として反対声明を出した。日比谷公会堂で反対集会が開かれるなど批判キャンペーンは大きなうねりとなった。

最初から反対の論陣を張ったのは産経新聞だけ。その後、読売新聞、日経新聞も慎重な審議を求める社説を掲載した。そんな中、朝日新聞は一貫して法案の早期成立を求める主張を展開した。意外だったのは毎日新聞が慎重な姿勢を貫いたことだ。おそらく部落解放同盟と敵対する共産党が「法案は部落解放同盟の糾弾闘争を合法化するものだ」と反対したからではないか。

人権擁護法案をめぐっては、総務相だった麻生太郎もひと肌脱いでくれた。首相の小泉純一郎にこうささやいたのだ。

「人権擁護法案だが、ありゃあろくなもんじゃねえ。気をつけた方がいいですよ。あんな法律ができたら安倍や私は一発でアウトだ。総理だって危ない。しかも法案の後ろにいるのは野中広務ですよ」

　小泉純一郎は人権擁護法案に何の関心もなかったが、自らの内閣で一度閣議決定していただけに意固地《いこじ》になって法案提出をゴリ押しする可能性は十分あった。そうなると安倍晋三ら反対派の機運は一気に萎《しぼ》んでしまう。だが、麻生太郎の話を聞いた小泉純一郎は法案の危険性云々《うんぬん》という部分ではなく「後ろにいるのは野中広務だ」という部分に激しく反応し、目の色が変わった。その後、小泉純一郎は人権擁護法案について黙殺を貫いてくれた。

　この件で許せないのは、法務省の対応だった。担当セクションは人権擁護局総務課。課長は歴代検察官だが、法律のプロのくせにこちらの懸念をぶつけても「杞憂にすぎません」の一点張りでまともに答えようとはしない。どうやら法務省は、人権擁護法案が成立すれば、外局が一つ増えることになり、オンライン化により余った地方法務局の人員を人権擁護会事務局に割り振ることができると考えていたようだ。そんなくだらない省益のために、こんな危険な法律を通して将来に禍根を残すと思わないのか。法務省・検察庁の正義など、この程度のものだと痛感した。

　ちなみに、後に大阪地検特捜部長として学校法人森友学園の不正土地取引事件を指揮した山本真千子《まちこ》（現大阪地検次席検事）の前任は人権擁護局総務課長だった。そんな人物が、一部メディアが書き立てたように安倍晋三に忖度《そんたく》して捜査の手を緩めるはずがない。むしろ森友事件を契機に安倍晋三を退陣に追い込もうと考えていたとみるのが自然ではないか。事件の最中に「山本特捜部長が朝日新聞に情報をリークしながら世論誘導を試みている」という噂が流れたが、あながち嘘とは思えない。

人権擁護法案は、平成二十一年（二〇〇九）年に民主党政権が樹立すると「人権侵害救済法案」と名を変えてゾンビのように復活した。民主党にも松原仁《じん》や渡辺周《しゅう》ら法案に反対する勢力がいたのだが、平成二十四（二〇一二）年九月に「人権委員会設置法案」として機構の設置を先行させる法案を閣議決定してしまった。当時の首相は野田佳彦《よしひこ》だった。この男は「自衛官の倅《せがれ》」を売りにして「保守」を気取っているが、所詮《しょせん》は薄っぺらなポピュリストにすぎない。

結局、人権委員会設置法案は、平成二十四年十一月に野田佳彦が衆院を解散したために廃案となり、その後に安倍晋三が首相に返り咲いたため人権擁護法案は封印された。だが、法務省はまだ諦めていない。平成二十八（二〇一六）年に成立したヘイトスピーチ解消法は議員立法の形をとっているが、裏で法案を主導したのは法務省だった。この法律は罰則規定こそないが、人権擁護法案の亜種《あしゅ》にすぎない。何がヘイトで何がヘイトでないか、国家権力がそれを決めると、いかに恐ろしいことが起きるか。中国や北朝鮮と変わりないではないか。安倍政権の間は法務省もおとなしくしていたが、安倍晋三が首相を退いた今後、人権擁護法案を復活させてくるに違いない。

もっと言えば、令和二年の検察庁法改正をめぐる検察ＯＢの激しい政権批判も、人権擁護法案を潰した安倍晋三への意趣返しだったのではないか。批判の急先鋒《きゅうせんぽう》だった松尾邦弘《くにひろ》は、人権擁護法案を潰された時の検事総長だった。偶然とは思えない。

仲間たちの造反

平成十七（二〇〇五）年の安倍晋三らの人権擁護法案潰しは成功裏に終わったが、思わぬ副産物があった。この年の通常国会のハイライトは郵政民営化法案だった。平沼赳夫や古屋圭司、衛藤晟一らは郵政民営化にさほど興味がなかったはずだが、人権擁護法案をめぐる攻防を通じて「このまま小泉純一郎の独裁が続けば、郵政民営化どころか、人権擁護法案や皇室典範改正まで好き放題やり、日本は滅茶苦茶《めちゃくちゃ》になる」と言いだしたのだ。

人権擁護法案潰しで安倍晋三の仲間が気勢を上げる最中、亀井静香の子分たちが妙に増えてきた。彼らは郵政政局をにらんで古屋圭司ら人権擁護法案反対派をオルグするために送り込まれたのかも知れない。はからずも人権擁護法案と郵政民営化という全く無関係な案件が次第に一つになり、「反小泉」を旗印に倒閣に向かって動き出した。

この動きに安倍晋三は鈍感だった。幹事長代理として東京都議選を担当させられたため、応援演説で東京都内を走り回っており、永田町にほとんどいなかったことも一因だった。私は「なんだか雲行きが怪しい。人権擁護法案に反対したメンバーが夜な夜な亀井静香の会合に行ってますよ」と言ったのだが、「大丈夫だって。古屋圭司さんや衛藤晟一さんが古賀誠たちとつるんで倒閣に走るわけないだろ。そもそも人権擁護法案と郵政民営化に何の関係があるんだよ」と耳を貸さなかった。

安倍晋三が「大変なことになっている」と気づいた時にはすでに遅かった。安倍晋三は古屋圭司らを必死に説得した。

「私たちは国の将来を見据《みす》えてもっと大きなことをやるために政治家になったんじゃないか。郵政省を民営化しようがどうしようが、そんなことはどうでもいい。むしろ今は小泉総理に恩を売っておいた方がいい」

この説得は失敗だった。政局は最後は損得では動かない。ましてや思い詰めている相手に「郵政なんてどうでもいい」というのは、説得力ゼロだった。もはや彼らは聞く耳を持たず、大半が郵政民営化法案の衆院採決で造反した。そして自民党を追放されたあげく刺客を立てられてしまった。

小泉純一郎の郵政解散の狙いは、悲願である郵政民営化を成就《じょうじゅ》するためだけではなかった。旧郵政省とともに憎き経世会《けいせいかい》の面々を政界から葬り去ろうとしたのだ。だが、蓋《ふた》を開けてみると、郵政民営化で小泉降ろしを画策していた古賀誠らはスルリと生き残り、安倍晋三の仲間の多くは討ち死にしてしまった。人権擁護法案に反対しながら、郵政民営化には造反せずに自民党に残ったのは、腹心の萩生田光一、盟友の中川昭一くらいだった。

平成十八（二〇〇六）年九月、安倍晋三は第一次安倍内閣を発足させると、郵政民営化で造反した議員を復党させた。これで小泉純一郎との関係は悪化し、内閣支持率も急落したのだが、安倍晋三は温情で彼らを復党させたわけではない。衛藤晟一や古屋圭司ら保守派の仲間を復党させなければ、元副総裁の山﨑拓《やまさきたく》、加藤紘一、古賀誠、青木幹雄ら反安倍の長老衆に対抗できないと考えたからだった。

ＮＨＫ番組改変問題と朝日新聞

平成十七（二〇〇五）年一月十二日、幹事長代理だった安倍晋三は青天《せいてん》の霹靂《へきれき》の激しい批判にさらされた。朝日新聞が朝刊一面で、ＮＨＫ番組をめぐり、当時経済産業相だった中川昭一とともにＮＨＫ上層部を呼びつけ、番組を改変するよう圧力をかけたと報じたのだ。

番組とは、ＮＨＫが平成十三（二〇〇一）年一月に放送したＥＴＶ特集シリーズ「戦争をどう裁くか」というドキュメンタリーだった。この中で大きく取り上げられた「女性国際戦犯法廷」は平成十二（二〇〇〇）年十二月、朝日新聞の元編集委員の松井やより（一九三四－二〇〇二）が設立した「ＶＡＷＷ－ＮＥＴジャパン」（『戦争と女性への暴力』日本ネットワーク）主催の「女性国際戦犯法廷」というプロパガンダ劇だった。民間団体の劇なので法的な効力は全くないが、女性国際戦犯法廷で裁判官役を務めた各国の女性活動家たちは、「慰安婦」問題など旧日本軍の性犯罪について「奴隷制度、人身売買、強制労働、強姦《ごうかん》等の人道に対する罪に関連する各条約、慣習法に違反している」と断じ、「天皇裕仁《ひろひと》及び日本国を、強姦及び性奴隷制度について、人道に対する罪で有罪」と〝判決〟を下した。

これは国際的左翼ネットワークによるプロパガンダ劇にすぎない。しかも昭和天皇を戦犯として断罪した法廷劇を公共放送が取り上げること自体が噴飯《ふんぱん》ものだ。案の定、放送前から右翼団体などが放送中止を求めて東京・代々木のNHK放送センター（本部）へ抗議に押しかけた。NHKもさすがにまずいと思ったのだろう。番組の一部を差し替えた上で放送した。VAWW－NETはそれが気に食わなかったようで「当初の企画通り番組を放映しなかった」としてNHKを訴えた。ちなみに裁判は最高裁まで争い、NHKが勝訴している。

なぜ朝日新聞は四年も前の話を大々的に取り上げたのか。それは番組を主導したNHK番組放送局のチーフプロデューサー（後に退社）が平成十七（二〇〇五）年一月、NHKのコンプライアンス推進委員会に「安倍晋三、中川昭一が番組内容を知り、圧力をかけ、番組を改変させた」と告発したからだった。裁判の詳細には触れないが、裁判記録を追うと、朝日新聞とVAWW－NET、そしてNHKの左翼勢力がいかに結託して動いていたか、よく分かる。

朝日新聞の報道を受け、野党や一部メディアはNHK「圧力」問題と名付け、安倍バッシングに乗り出した。朝日新聞の記事が出た直後、安倍晋三は「ＶＡＷＷ－ＮＥＴって何なんだろうね。面白い投稿写真を載せた雑誌『ＶＯＷ』は大好きだったんだけど、あれとは関係ないよね」などと軽口を叩いていたが、次第に笑っていられなくなった。朝日新聞の報道直後、私は「この問題は結構根が深いかも知れませんよ。甘く見ない方がいい」と安倍晋三に進言すると安倍晋三はこう説明した。

「夜中に突然、朝日新聞の記者二人が自宅に押しかけて来たんだよ。家に入れるわけにいかないから玄関のインターホン越しで話したんだけど、詰問調で色々と言ってくるんだよな。でも今思い返してもＮＨＫ幹部を呼びつけたなんて記憶はない。あの時期に『予算のご説明』と言ってＮＨＫ幹部が俺の部屋に来て、番組の話をしたのは確かなんだけどね」

安倍晋三も左翼勢力の奇妙な連携に「これは罠《わな》かも知れない」と思ったようだ。その後、民放各社の報道番組に次々と出演し、ＮＨＫ幹部が自室を訪れて自分から番組について切り出したことを明かし、「私はＮＨＫ幹部を呼びつけてもいないし、圧力をかけてもいません」と説明した。さらに女性国際戦犯法廷に検事役として出演した北朝鮮代表者四人のうち二人は、政府が工作員と認定した人物だったことを暴露した。

中川昭一に至っては全く無実だった。国会議員会館の面会票を調べたところ、ＮＨＫ幹部が訪れたのは番組放送後だったことが分かったからだ。これでは圧力をかけようがない。朝日新聞の記事は根底が崩れていった。

真相はこうだ。番組を放映することがどこからか漏《も》れ伝わって、右翼団体などが放映中止を求める抗議行動を起こしたため、NHK幹部は慌てた。国会でのNHK予算の審議を間近に控えていたからだ。これで国会が紛糾したら大変なことになる。そう思って国会対策に乗り出したのだ。

では番組を問題視しそうな政治家は誰か。野党ではない。歴史教科書議連で「軍による慰安婦の強制連行は虚偽だった」と追及してきた安倍晋三や中川昭一らだった。そこでNHK幹部は「予算のご説明」と理由をつけて面会を申し出て、二人が国会で問題視しないかどうか、動向を探ったわけだ。つまらぬ真似をしないようクギを刺す意味合いもあった。つまり真相は、安倍晋三らが圧力をかけた事件ではなく、NHKが安倍晋三らに「圧力」をかけた事件だったのだ。中川昭一と面会したのが放送後だったことからも明らかだ。公共放送が政治家に圧力をかける方がよほど問題ではないのか。

そもそもよく考えてみると、この平成十七（二〇〇五）年時点では、安倍晋三は自民党幹事長を経て幹事長代理となり、飛ぶ鳥を落とす勢いで、「ポスト小泉」の最有力候補でもあった。中川昭一も重要閣僚となり、保守勢力に大きな影響力を持っていた。この立場でNHK幹部を呼びつけて、番組内容を問い質《ただ》したならば「圧力をかけた」と言われても仕方ないだろう。だが、番組が放映された平成十三（二〇〇一）年一月は森喜朗《もりよしろう》内閣で、安倍晋三は官房副長官に抜擢《ばってき》されたばかりの三回生議員にすぎない。当時の自民党幹事長は古賀誠で、野中広務や河野洋平らリベラル勢力が党内で隠然たる力を持っていた。中川昭一に至っては、彼らに刃向かって干されている「傘張り浪人」にすぎなかった。

政界の隅々まで影響力を有するNHKが、こんな跳《は》ねっ返りの若造二人を恐れるはずはない。告発したチーフプロデューサーの証言はNHK幹部からの「又聞き」にすぎなかった。おそらく、NHK幹部が、組織内の左翼勢力から番組改変について突き上げを食らい、「安倍晋三や中川昭一ら自民党の跳ねっ返りがうるさいので改変せざるを得なかった」と言い訳したのだろう。

私は安倍晋三に「これはNHKが政治家に圧力をかけた事件じゃないか。政治家が圧力をかけるよりもよほど大問題だ。疑念を払拭するには、すべてを明らかにした方がいい」と言ったが、安倍晋三は首を横に振った。

「確かにそうだろうね。だけど、朝日とNHKの両方を敵に回す二正面作戦はいくら何でもしんどいよ。とりあえずＮＨＫは不問にして、朝日新聞の嘘を徹底的に暴こう」

その方がＮＨＫの協力を取り付けることもできるので作戦としては正解だった。ＮＨＫは朝日新聞が記事掲載した二日後、朝日新聞社に厳重抗議し、謝罪と釈明、訂正記事掲載を求めた。昭和天皇を有罪とする偏向番組を全国に放映していながら、厚顔無恥《こうがんむち》も甚《はなは》だしいが、ＮＨＫに裏切られた朝日新聞は窮地に陥った。

朝日新聞は記事を「検証」すべく取材陣を編成し、私のところにも、顔見知りの朝日新聞記者が「真相を教えてほしい」と取材にきた。私が経緯を説明した上で「これはＮＨＫが政治家に圧力をかけた事件だ。そっちの方がよほど問題じゃないか」と言うと、妙に納得した様子だったが、それが記事化されることはなかった。

記事掲載から半年後の平成十七年七月二十五日、朝日新聞は朝刊に紙面を何枚も割《さ》いた検証記事を掲載した。しかし、だらだらと再取材の結果を綴《つづ》っただけでほとんど中身はなかった。信じられないのは、「真相に十分迫りきれていないことを率直に認め教訓としたい」と裏付け取材をきちんとせず思い込みで書いた記事であることを認めながら「政治家の圧力による番組の改変という構図がより明確になった」と結論づけたことだ。論理破綻《はたん》してい るとしか言いようがない。ＮＨＫ放送総局長の原田豊彦（当時）は記者会見でこう断じた。

「朝日新聞は、再取材によっても真相を明らかにすることができなかったことを自ら認めている。政治家からどのような圧力があり、それによって番組がどう改変されたのかという記事の根幹部分を補強する新たな事実の提示もなく、到底理解できない。検証記事にもかかわらず当初の思い込みから抜け出ておらず、極めて遺憾です。NHKが政治家の圧力で番組を改変することは、これまでもこれからもありません」

「NHKはそんなに偉そうに言える立場なのか」と思うが、これで朝日新聞vsNHKの戦いは事実上、決着となった。それでも朝日新聞社長の秋山耿太郎《こうたろう》（当時）は同年九月三十日の記者会見で「取材不足を認めますが、訂正・謝罪はしない」と開き直った。

非を認めながら開き直る。これが朝日新聞の常套《じょうとう》手段のようだ。平成二十六（二〇一四）年八月五日、朝日新聞は朝刊で慰安婦問題について検証記事を掲載したが、やはり同じパターンだった。旧日本軍による「慰安婦狩り」などを告発した吉田清治《せいじ》（一九一三－二〇〇〇）の証言を「虚偽」だと認め、慰安婦と挺身隊の混同や、裏付け取材不足を認めながらも「問題の本質は、軍の関与がなければ成立しなかった慰安所で女性が自由を奪われ、尊厳を傷つけられたことになる」などと開き直っている。呆れてモノが言えない。

朝日新聞の政治報道は「結論ありき」で都合のよい情報をつなぎ合わせて強引に結論を導く手法があまりに多い。狙いは常に「保守勢力の封じ込め」にある。メディアの自殺行為としか言いようがない。

思い返してみれば、平成の前半は朝日新聞政治部の黄金時代だったかも知れない。宮澤喜一や河野洋平らリベラル派が自民党中枢を占めたため、政府・与党も親中・親北朝鮮で突き進んだ。

平成四（一九九二）年一月、首相の宮澤喜一の訪韓直前に、朝日新聞が一面で「慰安婦強制連行、軍が関与」と報じると、官房長官の加藤紘一が事実確認すらせずに謝罪し、宮澤喜一は訪韓中にひたすら謝り続けた。平成五（一九九三）年八月には、官房長官の河野洋平が慰安婦問題への旧日本軍の関与を証拠もないのに認め、「お詫びと反省」を表明した。このような政府・与党の体《てい》たらくに異を唱える政治家もいたが、朝日新聞は黙殺するか、「言葉狩り」で吊るし上げた。まさに「我が世の春」だったのではないか。

当時から拉致問題はくすぶっていたが、多くのメディアは黙殺した。進歩的な学者・文化人は「拉致はなかった」とうそぶいた。そんな中、拉致議連や歴史教科書議連で活動する安倍晋三や中川昭一は朝日新聞にとって「獅子身中《しししんちゅう》の虫」だったのだろう。

ところが、平成十四（二〇〇二）年の小泉純一郎の訪朝で、金正日《キムジョンイル》が拉致を認め、謝罪したのを機に潮目は変わった。拉致問題がクローズアップされ、朝日新聞の慰安婦報道など自虐史観に基づく報道の嘘が次々に暴かれるようになった。政治家も朝日新聞の論調をかつてほど気にしなくなり、その影響力は著《いちじる》しく低下した。朝日新聞にとって平成は栄光と凋落《ちょうらく》の三十年間だったと言える。

そういう意味でも小泉純一郎が首相になった歴史的意義は大きい。世間の風当たりが強まったことに朝日新聞は焦り、その元凶は安倍晋三だと考えたのだろう。そういう意味でＮＨＫ番組改変問題は、朝日新聞の安倍晋三に対する宣戦布告だった。安倍晋三もこれを機に朝日新聞と抗戦モードに入り、戦いは今も続いている。

郵政民営化　攻防の舞台裏

安倍晋三が幹事長代理だった平成十七（二〇〇五）年一月二十一日、首相の小泉純一郎は施政方針演説で郵政民営化法案の国会提出を宣言した。平成十三（二〇〇一）年四月の首相就任以来、旧郵政省の公社化、道路公団の民営化――と着々と駒を進めてきた小泉純一郎がついに「本丸攻め」を始めたのだ。

前にも書いたが、小泉純一郎にとって郵政民営化は政策ではない。「聖域なき構造改革」「官から民へ」「改革なくして成長なし」など、さまざまなスローガンを掲げていたが、最大の狙いは、旧郵政省に対する「怨念」を晴らすことだった。そしてもう一つの狙いは、田中角栄の流れを汲《く》む経世会(現平成研究会)に対する積年の恨みを晴らすこと。郵政省と道路公団の民営化により、財政投融資という経世会の「力の源泉」を絶った上で自民党から叩き出そうと考えていたのだろう。だからこそ公然と「抵抗勢力」呼ばわりするなど挑発を続けた。「自民党をぶっ潰す」という台詞《せりふ》は「経世会をぶっ潰す」を言い換えただけではないか。

小泉純一郎は、首相就任後しばらくは民主党の一部と連携し、経世会を叩きだす方策を練《ね》っていた。首相秘書官らにも民主党の悪口は一切言わなかった。靖國神社参拝や、米軍の「テロとの戦い」への支援などに対する民主党の批判と抵抗にすっかり嫌気がさし、途中から連携構想を捨ててしまった。民主党がもう少し賢かったら、政権の一角を担《にな》っていた可能性が十分あった。繰り返すが、小泉純一郎にとって郵政民営化は「怨念を晴らす」ことだった。民営化後の形態について関心が薄かったのもそのせいだ。民営化さえすれば

「後は野となれ、山となれ」と思っていたのだろう。

ところが、自民党議員の多くは郵政民営化を行政改革の一環であり、「政策」だと勘違いしていた。従って民営化するならば少しでもよい形にしようと真剣に議論していた。自民党の郵政事業改革特命委員会委員長を務めた元国家公安委員長の村井仁《じん》(後の長野県知事)はまさにそうだった。連日のように民営化後のあるべき姿を真剣に議論し、特命委員会はいつしか「村井塾」と呼ばれるようになっていた。

ところが、何とかよい形にまとまりそうになると小泉純一郎は「卓袱台《ちゃぶだい》返し」をする。まるで賽《さい》の河原《かわら》で子供たちが懸命に積んだ石塔をぶっ壊す鬼のようだった。最初から衆院で民営化法案を否決させ、衆院を解散する魂胆だったとしか思えない。

森喜朗や安倍晋三ら清和研《せいわけん》所属議員の多くは、小泉純一郎にとって郵政民営化は「怨念」であり、狙いは衆院解散だということに気づいていた。だから清和研の議員はほとんど造反しなかったのだ。森喜朗も本音では郵政民営化に反対だったが、小泉純一郎が衆院を解散して保守分裂選挙になれば、自民党は大敗すると踏んでいた。「そんな馬鹿な事態だけは避けたい」。そう思って各派領袖《りょうしゅう》らと連日のように会い、郵政民営化法案を成立させようと説得を続けたのだ。

そんな中、全然違う見方をしていた衆院議員が一人いた。現愛知県知事の大村秀章だ。当時はまだ三回生だったが、郵政解散の半年以上前に大村秀章はこんなことを言った。

「なあ、小泉は郵政民営化法案を否決されたら衆院解散に打って出るよな。解散打ったら自民党は大勝ちするぞ。だって争点は郵政だけだろ。小泉は反対した連中を抵抗勢力呼ばわりしてコテンパンにするだろ。国民はそれにクギ付けになって野党なんて振り向きもしない。自民党は圧勝じゃないか。こりゃ面白くなってきたな。ばかを焚《た》きつけて造反させようかな」

大村秀章は、農水官僚出身で平成研に所属していたが、政局に関して抜群の嗅覚《きゅうかく》を持っていた。それだけに令和元年夏の「あいちトリエンナーレ」でミソを付けたのは残念だ。なぜ津田大介のような左翼活動家を芸術監督に選んだのか。大村秀章は「津田大介が何者なのか俺が知ってるわけないだろ。あの企画展も内容も直前まで知らされなかった」と打ち明けた。文化・芸術祭を企画・運営する組織への左翼の浸食は進んでいる。文化庁の罪も大きい。あいちトリエンナーレ騒動は氷山の一角にすぎない。

綿貫民輔の男気

平成十七（二〇〇五）年六月十七日、自民、公明両党は郵政民営化法案の採決に向けて、通常国会の会期を八月十三日まで五十五日間延長した。これ以降、郵政民営化をめぐる自民党内の攻防は一層激しさを増した。

民営化反対派の牙城《がじょう》である郵政事業懇話会の会長に祭り上げられたのは、元衆院議長の綿貫民輔《わたぬきたみすけ》だった。かつて幹事長も務めた平成研の大幹部だが、神職だけにしっかりした保守思想の持ち主であり、大らかかつ豪胆な人柄だった。小泉純一郎は同じ慶應大卒で大蔵族の後輩だったので昔から弟のように可愛がっていた。経世会嫌いの小泉純一郎も綿貫民輔だけは慕っていた。

綿貫民輔は運送会社「トナミ運輸」のオーナーなので物流事業にも精通しており、生田《いくた》正治《まさはる》が提唱した物流主体の郵政改革にも理解があった。綿貫民輔が郵政事業懇話会会長に就任した際、森喜朗は「ああ、よかった。これで郵政民営化も丸く収まるよ」と胸をなで下ろした。

小泉純一郎もやりにくい相手が敵の大将になったと思っただろう。元々、主敵とみていた野中広務は、平成十五（二〇〇三）年九月の自民党総裁選で元運輸相の藤井孝男を擁立して敗れ、翌十月の衆院選を機に政界を引退していた。「経世会をぶっ潰す」という目標はすでに半分達成しており、経世会内で純粋に民営化に反対している勢力はそれほど多くなかった。

それでも小泉純一郎は衆院解散をチラつかせながら郵政民営化をゴリ押しした。綿貫民輔は当初、「小泉は竹中平蔵に騙されているだけだ。悪いのは竹中だ。あの男は二枚舌どころか百枚舌だ」と言って小泉純一郎をかばっていたが、次第に引くに引けなくなってきた。その後ろでは亀井静香が「小泉憎し」の一念で反対派をかき集め、政局を仕掛けつつあった。

七月四日、衆院郵政民営化特別委員会は反対派の委員を賛成派に差し替えて郵政民営化法案を可決した。綿貫民輔は衆院本会議の採決前に反対派議員を集め、こう言った。

「俺は郵政事業懇話会のトップなんだから反対票を投じて小泉純一郎に猛省を促《うなが》す。だが、君たちが賛成票を投じても咎《とが》めたりしない。俺についてくる必要はないんだぞ」

綿貫民輔らしい男気のある発言だったが、その思惑とは裏腹に反対派議員は意気に感じ、「小泉政権打倒」で気勢を上げた。

七月五日、衆院本会議で行われた採決では、自民党から反対三十七票、棄権十四票の造反が出たが、賛成二百三十三票、反対二百二十八票という僅差で可決された。採決直後、本会議場最後段の閣僚席で、麻生太郎が小泉純一郎に「解散できなくて残念でしたね」と言いながら握手を求めると、小泉純一郎は無言でギューッと握り返してきたそうだ。

主戦場は参院に移った。亀井静香らは「小泉政権の息の根を止める」と息巻いて多数派工作を加速させた。亀井静香は、森喜朗とともに平成六（一九九四）年に自社さ連立政権を樹立させた立役者だ。多数派工作はお手のものだった。

八月五日、参議院郵政民営化特別委員会で、自民、公明両党の賛成多数で郵政民営化法案が可決された。郵便局ネットワークの維持などを求める十五項目の附帯決議も採択した。反対派への最後の配慮だったが、もはや反対派の勢いは止められず、参院本会議での否決は避けられない情勢だった。

干からびたチーズ

森喜朗は、衆院解散を阻止すべく、安倍晋三、福田康夫を小泉純一郎の元に送り込み、説得させたが、小泉純一郎は聞く耳を持たなかった。八月六日夜、森喜朗は自ら首相公邸に乗り込み、説得に乗り出した。有名な「干からびたチーズ（実はミモレットという高級チーズ）」会談だった。

森喜朗「参院で否決されて衆院を解散するなんておかしな話じゃないか。衆院はちゃんと可決したんだから。自民党が分裂選挙になったら死屍累々《ししるいるい》だ。下野するかも知れないぞ。それでもいいのか？」

小泉純一郎「郵政民営化は、これは俺の信念だ。俺は別に殺されたっていい。暗殺されたと思えばいいんだ！」

握りつぶした缶ビールとミモレットを片手に公邸から出てきた森喜朗は待ち構えていた記者団にこうぼやいた。

「寿司でもとってくれると思ったが、これしか出なかった。干からびたチーズと世界各国のビールだ。もう俺もさじを投げたよ」

もし参院が郵政民営化法案を否決したら、小泉純一郎の衆院解散は誰にも止められない。

森喜朗はそれを自民党議員に知らしめようとしたが、「時すでに遅し」だった。

八月八日、参議院本会議で行われた採決では、自民党から反対二十二票、棄権八票が出て、賛成百八票、反対百二十五票で法案は否決された。小泉純一郎は即座に解散を決断した。この直前まで亀井静香は「解散など五〇〇%ない」と断じていたが、何を根拠に言っていたのかさっぱり分からない。

解散を決める閣議では、農林水産相の島村宜伸《よしのぶ》、総務相の麻生太郎、行革担当相の村上誠一郎から反対意見が出たため、小泉純一郎は閣議を中断し、別室で個別に説得した。麻生太郎、村上誠一郎は説得に応じたが、島村宜伸だけは解散詔書《しょうしょ》への署名を拒否した。島村は辞表を提出したが、小泉純一郎は受理せず罷免《ひめん》してしまった。罷免は天皇の名で閣僚をクビにすることであり、非常に重い処分だ。戦前は例がなく、戦後の閣僚罷免は島村宜伸が四例目だった。この後、小泉純一郎は、自ら農林水産相を兼務して閣議を再び開き、解散詔書を閣議決定した。

島村宜伸は恨み言一つ言わなかったが、そもそも島村宜伸は、亀井静香率いる志帥会《しすいかい》所属ながら、郵政民営化の衆院採決では賛成票を投じている。解散に反対しただけだ。そんな誠実な人物を罷免するのは、あまりに非情だ。「俺に逆らえばこうなるぞ」という見せしめだったのかも知れないが、この頃の小泉純一郎は明らかに自らの非情さに酔っていた。

生首を高らかに掲げよ!

ただ、島村宜伸がこれほど頑《かたく》なだった裏には、島村宜伸が師と仰ぐ元首相、中曽根康弘（一九一八-二〇一九）の存在があったのではないか。息子の中曽根弘文《ひろふみ》も土壇場の八月五日に郵政民営化法案への反対を表明し、これで参院での法案否決が決定的になった。中曽根康弘も後に「参院で法案を否決され、衆院を解散するのは憲政の常道に反する。小泉政権最大の失政だ」と批判している。森喜朗は後にこんなことを明かした。

「参院採決の前に大勲位《だいくんい》（中曽根康弘の俗称。皇族以外で大勲位菊花大綬賞を叙《じょ》された唯一の存命者であるため）に会って中曽根弘文さんを説得してくれるようお願いしたんだが、大勲位は『倅《せがれ》はわしの言うことを一つも聞かん』と言うんだな。でも弘文さんをよく知っている古参議員に聞くと『何言ってるんですか。弘文さんは大勲位の言いなりですよ』と言うんだ。さて、どっちが本当の弘文さんなんだろうね?」

中曽根康弘は、小泉純一郎が首相就任直後、自らの保守路線・改革路線の継承者とみなし、高く評価していた。平成十三（二〇〇一）年六月五日に産経新聞が掲載した座談会ではこんなことも語っている。

「私が小泉君を推した一番大きな理由は幕末的感覚です。自民党が幕末期の症状で、このままでは駄目だ、これを一新する力が出てこないと日本は駄目になるというものです。それをやるのが小泉君だろう。じゃあ、彼が何をやるか具体的なことはまだ明確ではないが、憲法改正とか、靖國神社参拝に言及している。歴史的な復古《ふっこ》を明確に持ちながら新しい地平線を探し求めておる」

中曽根康弘はこの頃、官房副長官だった安倍晋三を密かに千代田区平河町の砂防《さぼう》会館にある自らの事務所に呼び出し、「小泉君に伝えてくれ」と改革の秘伝を授けた。

「国民は血に飢えておる。自らに逆らう官僚の首を取り、血の滴《したた》る生首を高らかに掲げよ。国民は狂喜乱舞するであろう」

国鉄総裁を自ら更迭《こうてつ》したことにより、国鉄民営化を断行できた経験を伝えたかったのだろう。これを安倍晋三から伝え聞いた小泉純一郎は「そうか、ありがとう」と言ったが、伝授された手法を、なんと中曽根康弘に向けて使ったのだ。

平成十五（二〇〇三）年秋、小泉純一郎は衆院選を目前に控え、衆院比例代表の「七十三歳定年制」の厳格運用を打ち出した。ターゲットは比例代表関東ブロック「終身一位」の座にあった中曽根康弘と、中国ブロック一位の宮澤喜一だった。宮澤喜一はあっさりと引退を受け入れたが、中曽根康弘は激しく抵抗した。小泉純一郎に「これは幹事長の仕事だ」と言われた安倍晋三は渋々、砂防会館の中曽根事務所を訪れ、公認しない方針を伝えた。中曽根康弘は憤然とこう言った。

「私はその判断によって五十年間の議会人人生に終止符を打つことになる。小泉君がそう判断した理由を合理的に説明し、私を納得させてほしい」

安倍晋三は「何とかご理解いただきたい」とひたすら頭を頭を下げ続けると、中曽根康弘はやや表情を緩め、こう言った。

「君も貧乏クジを引いたな。安倍君、君は幹事長だろ。幹事長の仕事は選挙に勝つことだ。私も応援するよ」

それでも中曽根康弘は「小泉君が直接私に会って納得させるべきだ」と言って聞かず、結局、公示直前の十月二十三日、小泉純一郎自身が中曽根事務所を訪れ、引退を宣告した。この経緯を追うと、中曽根康弘がなぜ「政治的テロだ」と言ったか、理由がはっきりする。まさか自分が小泉純一郎に生首を掲げられるとは思ってもみなかったのだ。それだけに郵政民営化をめぐっても中曽根康弘が裏で「反小泉」を煽《あお》った可能性は十分ある。

郵政解散と「刺客」たち

平成十七（二〇〇五）年八月八日夜、衆院を解散した小泉純一郎は首相官邸室で記者会見を行った。普段、演壇の後ろに紺色か水色のカーテンがかかっているが、この日は深紅《しんく》のカーテンだった。

「本日衆議院を解散しました。私が改革の本丸と位置づけていた郵政民営化法案を参議院は否決しました。国会は郵政民営化は必要ないという判断を下したわけです。私は本当に郵政民営化が必要ないのか国民の皆さんに問いたい。今回の解散は郵政解散であります」

静かな口調で始まった演説は次第に熱を帯びた。「ガリレオ・ガリレイはこう言いました。それでも地球は動く」と郵政民営化と何の関係もない地動説まで持ち出した上で、十分間を超える演説をこう締めくくった。

「自由民主党は郵政民営化に賛成する候補者しか公認しません。はっきりと改革勢力になった自由民主党と、民営化に反対の民主党と戦って、国民はどういう審判を下すか聞いてみたいと思います」

この記者会見で自民党の圧勝は決まったようなものだった。小泉純一郎は、景気づけに一杯ひっかけて記者会見に臨んだようだが、その言葉の魔力は絶大な効果があった。多くの国民は「小泉マジック」に魅了され、全国各地で再び小泉フィーバーが吹き荒れた。

自民党本部では、小泉純一郎の「偉大なるイエスマン」を自認する幹事長の武部勤が、除名処分をチラつかせながら造反議員を追放し、次々に「刺客」を擁立していった。

幹事長代理だった安倍晋三の胸中は複雑だった。平沼赳夫、古屋圭司、衛藤晟一ら思想・信条の合致《がっち》する同志の多くが造反し、自民党を追われたからだ。旧経世会（平成研）で追放された議員も綿貫民輔や村井仁ら生真面目《きまじめ》な政治家が多かった。逆に野中広務の意向に従って「小泉降ろし」を狙っていた古賀誠らは土壇場で反対票を投じず、採決を棄権していたため、難を免れた。蓋を開けてみれば、郵政民営化をめぐる政局は、小泉純一郎が元々想定した「清和会vs経世会」の争いではなく、平成十（一九九八）年の「森喜朗vs亀井静香」という清和会の覇権争いの延長戦となっていた。

刺客として公認されたのは、右を向いているのか、左を向いているのか、さっぱり分からないような妙ちきりんな連中ばかりだった。安倍晋三はこうぼやいた。

「小泉さんはどうして敵だと思うとバッサリと袈裟《けさぎ》切りにしちゃうんだろうね。ニコニコしながら傍《そば》に置いて、真綿《まわた》でジワジワと首を絞め続けたらいいんだよ。そっちの方がずっと効果がある」

この発言に安倍晋三の裏の顔を垣間見《かいまみ》ることができる。小泉純一郎は直情径行の「信長」型だが、安倍晋三は権謀術数《けんぼうじゅつすう》に長《た》けた「家康」型の政治家だ。しかも物腰が柔らかいので、相手になかなか裏の素顔を悟られないことに怖さがある。

それでも幹事長から幹事長代理に降格していたことで安倍晋三は命拾いした。もし幹事長を続投していたら、武部勤の役回りをやらねばならなかったからだ。いくら「泣いて馬《ば》謖《しょく》を斬った」としても、その後、安倍晋三には「小泉純一郎のイエスマン」という評価がつきまとっただろう。第二次安倍政権を発足できたかどうかも怪しい。

「郵政選挙」と言われる衆院選は八月三十日に公示され、九月十一日に投開票が行われ、自民党は二百九十六議席を獲得する大勝を収めた。安倍晋三は衆院選後の内閣改造で官房長官として初入閣した。麻生太郎は外相となった。郵政民営化法案は秋の臨時国会であっさりと成立した。果たして郵政解散は是だったのか非だったのか。十五年を経た今も評価は分かれている。

「真昼の決闘」

小泉純一郎は就任四年余りで無敵と言えるほどの強力な政権を手に入れた。消費税増税であっても、どんな大改革でもあっさりできたはずだ。憲法改正だって不可能ではなかった。だが、小泉純一郎は郵政民営化によって「怨念」を晴らすと、大きな目標を見失ってしまったかに見えた。

五年五カ月にわたる長期政権を築いた小泉純一郎は功罪相半ばする政治家だった。今となっては郵政民営化や日朝交渉ばかりが思い出されるが、有事法制や国民保護法制など安全保障上重要な政策も数多く実現させている。イラクへの自衛隊派遣も小泉純一郎だからこそ実現できたと言えなくもない。「自衛隊がいるところが非戦闘地域だ」という迷答弁で国会審議を乗り切り、イラク派遣特別措置法を成立させるなど、国民の人気がなければありえないことだった。

米大統領のジョージ・W・ブッシュと固い絆《きずな》を結び、強固な日米同盟を築き上げたのも大きな功績だ。とはいえ、小泉純一郎は就任当初は外交はずぶの素人《しろうと》だった。国会で「日米同盟」を「日米友好」に言い換えたこともある。官房副長官だった安倍晋三は「日米は同盟国です。友好はまずいですよ」と進言すると、小泉純一郎は「どうしてだ？　日米友好の方が響きがいいじゃないか」と意に介さなかった。

では、そんな外交音痴の小泉純一郎はなぜ、ブッシュと親密になれたのか。平成十三（二〇〇一）年六月、首相として初訪米した小泉純一郎はブッシュと会うなり、こう言った。

「Ｄｏ　ｙｏｕ　ｋｎｏｗ　Ｈｉｇｈ　Ｎｏｏｎ？（お前は真昼を知っているか？）」

ブッシュが首をひねると、小泉純一郎はニヤリと笑い、「Ｇａｒｙ　Ｃｏｏｐｅｒ（ゲイリー・クーパー）」と言った。ハイ・ヌーンとは映画「真昼の決闘（原題ハイ・ヌーン）」のことだった。この映画は、復讐に燃えた悪漢たちが街にやってくるのに街の人は怯《おび》えて誰も戦おうとせず、ゲイリー・クーパー扮する保安官がたった一人で悪漢たちを倒し、保安官バッチを捨てて新妻とともに街を去って行く、というストーリーだ。小泉純一郎はこの孤高の保安官を自分に重ね、ブッシュに「お前もそうだろ？」と言いたかったのだ。ブッシュはこれに気づき、「あの映画は大好きで何度も観たんだ」と大笑いした。

ここで話は終わらない。わずか三カ月後の九月十一日に米中枢同時テロが勃発《ぼつぱつ》すると、小泉純一郎はブッシュに真っ先に電話をかけ「お前がゲイリー・クーパーだ」と言った。

この瞬間からブッシュにとって小泉純一郎は唯一心を許せる外国首脳となった。小泉純一郎の外交は危なっかしい面も多々あったが、ある種の天才だったのかも知れない。

中国がどんなに反発しようとも靖國神社参拝を毎年続けた。当時は自民党も外務省も親中派だらけだったのに意地を貫いた。財界から批判の声が上がっても「政治と経済は違う」と聞く耳を持たなかった。「政治家は損得ではない何かで動く」ということを身を持って示した意義は大きい。

皇室典範改正

そんな小泉純一郎が、首相として最後の一年間でこだわったのが、女性・女系天皇を容認するための皇室典範改正だった。これは郵政解散前の平成十六（二〇〇四）年に首相の私的諮問《しもん》機関「皇室典範に関する有識者会議」を置いたことに始まる。座長は元東京大学総長の吉川弘之だった。なぜロボット工学の研究者が座長を務めるのか理解に苦しむが、実質的に会議を差配《さはい》したのは、元官房副長官（事務）の古川貞二郎《ていじろう》だった。

有識者会議は平成十七（二〇〇五）年一月の初会合から着々と議論を進めてきたが、この時期は郵政民営化をめぐる政局でそれどころではなかったため、さほど注目を集めることはなかった。ところが、郵政解散後に有識者会議は再び動き出し、同年十一月二十四日に女性・女系天皇を容認し、長子を優先すべきとする報告書をまとめたのだ。

皇室は今上《きんじょう》天皇陛下で百二十六代となり、過去に八人十代の女性天皇が存在するが、女系天皇はいない。皇統はずっと男系でつないできた。女系を認めるとどうなるのか。不敬になることを承知の上で分かりやすく譬《たと》えよう。

皇室典範を改正し、内親王である愛子《あいこ》さまが天皇に即位したと仮定する。愛子さまは女性天皇ではあるが、女系天皇ではない。ここで愛子さまが民間人の鳩山さんという民間人と結婚され、玉のようなお子様がお生まれになったとする。このお子様が即位すれば、性別が男であっても女系天皇となる。

ここで問題なのは、即位した女系天皇の男系をたどると鳩山家になることだ。女系をたどると小和田《おわだ》家となる。どこかで国民は「あれ、天皇家は一体どこに行ったの?」と気づくはずだ。ずっと男系で続いてきたものを女系に切り変えた瞬間に皇統は途絶える。逆にもし皇室がずっと女系で続いてきたならば、男系に切り変えたとたんに皇統は途絶える。

男系、女系を切り替えることは皇統の断絶、外国風に言えば王朝の交代を意味する。有識者会議がまとめた「女系容認」の報告書は、「皇統」を完全に無視しており、知性、教養の欠片《かけら》も感じられない内容だったが、小泉純一郎は平成十八年の通常国会に皇室典範改正案を提出し、成立させる構えだった。外相だった麻生太郎は思い切って小泉純一郎にこう進言した。

麻生太郎「今度の皇室典範改正はちょっとおかしくないですかね」
小泉純一郎「なぜだ?」
麻生太郎「愛子さまが即位され、結婚されたとしましょう。それで内親王(女子)、親王(男子)の順にお子様がお生まれになったら、弟の親王殿下に皇位が回ってくる可能性はものすごく低くなってしまいますよ」
小泉純一郎「なぜだ? そんなはずはない」

麻生太郎はあの手この手で説明したが、小泉純一郎は納得しなかった。当時農林水産相だった中川昭一は私にこう言った。
「なあ、小泉総理は皇室典範改正をやる気だよな。だったら閣議決定の前に俺は閣僚を辞任するしかないな。いくら何でも皇統を断絶させるような法律に署名できないだろ」

麻生太郎にこれを伝えると、麻生太郎も「そうか。その時は俺も辞任するしかねえな」と言った。安倍晋三は焦った。辞任せずに官房長官を続ければ、皇室典範改正の担当閣僚となり、国会答弁までやらねばならない。「どうするんですか」と問うても安倍晋三は「困ったね」と繰り返すだけだった。

そうこうするうちに平成十八（二〇〇六）年を迎えた。一月十二日、ある警察官僚が電話でこう伝えてきた。

「皇室典範改正の動きはおそらく近いうちに止まる。もう大丈夫です」

理由はこの日、皇居・宮殿で行われた歌会始《うたかいはじめ》にあった。ここで秋篠宮《あきしののみや》さま（現在の皇嗣殿下）はこんな歌をお詠《よ》みになった。

「人々が笑みを湛《たた》へて見送りし　こふのとり今空に羽ばたく」

秋篠宮妃紀子《きこ》さまは「飛びたちて大空にまふこふのとり　仰ぎてをれば笑み栄えくる」とお詠みになった。これを聞き、その警察官僚は「お二人がそろって、赤ちゃんを運んでくるという伝承を持つコウノトリの歌を詠んだのは偶然のはずがない。何か重大なサインに違いない」とピンときたという。もちろん、警察官僚なので皇宮警察などから、秋篠宮ご夫妻の身辺情報をつかんでいたのだろう。

読みはピタリと当たった。二月七日、宮内庁は、紀子さまに「ご懐妊の兆候がある」と発表した。この数時間前、衆院予算委員会出席中、首相秘書官からご懐妊を知らせるメモを差し出され、小泉純一郎が仰天する様子がテレビに映し出された。

紀子さまがご懐妊されたことにより、皇室典範改正は不可能となった。お生まれになるお子様の皇位継承順位を大きく左右することになるからだ。この日夕、小泉純一郎は安倍晋三を首相執務室に呼び、こう言った。

「皇室典範改正は当面見送るしかない。君が総理になってもこの件はよくよく慎重にやらなきゃいけないよ。下手すると壬申《じんしん》の乱になっちゃうぞ」

皇室典範改正を見送った小泉純一郎はすっかりやる気を失ったように見えた。郵政解散で得た無敵の力を使うことはなく、残りの任期中にやったことと言えば八月十五日の終戦の日に靖國神社に参拝したことくらいだった。政治の焦点は秋の総裁選に移っていった。

平成十八（二〇〇六）年九月六日、秋篠宮妃紀子さまは悠仁《ひさひと》（親王）さまを出産された。日本中がお祝いムードに包まれたが、もし郵政解散がなく、平成十七年中に皇室典範が改正されていたら今の皇室は一体どうなっていただろうか。

平成三十一（二〇一九）年四月三十日に天皇陛下は退位されて上皇陛下となられ、翌五月一日に皇太子さまが新天皇に即位された。令和の幕開けだ。これを見計らったかのように朝日新聞など一部メディアは再び女系天皇容認論を書き立てるようになった。女系容認は秋篠宮皇嗣殿下や、ご長男の悠仁さまから皇位を奪うことになる。朝日新聞の狙いは一体何なのか。皇統の断絶ではないのか。

「麻垣康三」と第一次安倍政権

平成十八（二〇〇六）年三月に予算が成立すると、自民党内は「ポスト小泉」に関心が移った。総裁候補とされたのは、安倍晋三、福田康夫、麻生太郎、谷垣禎一《たにがきさだかず》の四人。それぞれから一字とって「麻垣康三《あさがきこうぞう》」と言われた。

各社世論調査では「総理にふさわしい人物」でダントツの一位だったのは、安倍晋三だった。と言っても実態は小泉純一郎が誰を後継指名するかで決まる総裁選だった。小泉純一郎の出身派閥である清和研は百人近くが所属する最大派閥であることに加え、郵政選挙で初当選した小泉チルドレンも九十人ほどいた。これに盟友である元副総裁の山﨑拓率いる近未来政治研究会などを加えると、自民党所属議員の半数以上を簡単に動かせる実力を有していたからだ。小泉純一郎は一皮むけば派閥人間だ。清和研ではない麻生太郎、谷垣禎一を指名することは考えにくいことから、当初から安倍晋三と福田康夫の事実上の一騎打ちとみられていた。

安倍晋三はまだ当選五回の五十一歳。それだけに当初は出馬するかどうか迷っていたが、地元・山口入りした後は出馬ありきで動き始めた。安倍後援会の古参幹部は、先代の安倍晋太郎がお人好しにも竹下登（一九二四－二〇〇〇）に総裁の座を先に譲ったばかりに首相になり損ねたとの思いが強い。おそらく彼らに説得されたのだろう。安倍晋三は私にこう言った。

「幸運の女神に後ろ髪はないんだよ。目の前を通り過ぎた時に上手く捉《とら》えなければ、スルッと逃げられて二度とチャンスはめぐって来ない」

自分が出馬しなければ、そりの合わない福田康夫が総裁になる公算が大きかったことも、安倍晋三の背中を押した。森喜朗は、安倍晋三より十八歳も年長の福田康夫を先に総裁にしたかったが、安倍晋三は譲らなかった。六月には自著『美しい国へ』（文春新書）を出版した。「自信と誇りを持てる国家」を目指して、外交、社会保障、教育などの立て直しのために何をすべきかを記した本だ。今読むと青臭い内容だが、安倍晋三の国家観がよく分かる。

それでも福田康夫が出馬していたら総裁選の行方はどうなっていたか分からない。小泉純一郎は、福田赳夫の書生から政界へと身を転じただけに、福田康夫を後継指名する可能性は十分あったからだ。しかし、福田康夫は「生体反応なしと書いといてくれ」という迷言を残し、七月二十一日に総裁選出馬見送りを表明した。理由ははっきりしないが、清和研が分裂しかねないような総裁選をしたくなかったのだろう。大嫌いな安倍晋三に負けるのが癪《しゃく》だっただけかも知れない。

福田康夫が不出馬を表明した時点で安倍晋三の総裁就任は確実な情勢となった。安倍晋三は九月一日に総裁選出馬を正式表明し、小泉純一郎も支持を表明した。九月二十日に第二十一代の自民党総裁に就任し、九月二十六日の首班指名選挙により、第九十代首相となり、第一次安倍内閣を発足させた。

安倍晋三にとって、果たしてこれが正しい選択だったのか、今となっては分からない。基本的に禅譲《ぜんじょう》を受けた首相に力はない。後見人の顔色を窺《うかが》いながら政権を維持せねばならないからだ。安倍晋三も小泉純一郎の「スローガン」ありきの改革路線を引き継ぐしかなかった。しかも郵政選挙で初当選した「小泉チルドレン」という素人集団のまとめ役も果たさねばならなかった。本格的な政権を樹立するには、速やかに解散・総選挙を行うしかなかったが、郵政解散を一年前にやったばかりだけになかなか難しい情勢だった。

幹事長に中川秀直《ひでなお》を任命したことも失敗だった。しかも中川秀直は、森喜朗に逆らって早くから安倍擁立で動いており、そういう意味では論功行賞《ろんこうこうしょう》だったが、中川秀直は案の定、安倍晋三の後見人然として振る舞い、他派閥との軋轢を生んだ。しかも中川秀直はリベラルな思想の持ち主だった。安倍晋三は、盟友の中川昭一を政調会長に起用することでバランスを取ったつもりだったが、幹事長と政調会長の権力は段違いだ。中川秀直は政策にも色々と首を突っ込んできたため、中川昭一は「政調幹事長がいるからやりにくいよ」とぼやいた。

官房長官に、秘書時代から親しい塩崎恭久《やすひさ》を起用したのも失敗だった。首相がまだ力不足なのに、初入閣の人間を官房長官に起用すれば官僚機構は官邸をなめてかかる。外相に麻生太郎、総務相に菅義偉《すがよしひで》、文部科学相に伊吹文明《いぶきぶんめい》、厚生労働相に柳澤伯夫《はくお》を起用し、全体的にはバランスの取れた内閣だったが、塩崎恭久を官房長官にしたことで「お友達内閣」と揶揄《やゆ》された。

しかも自民党内には古賀誠や加藤紘一、山﨑拓ら安倍晋三を快く思わないベテラン勢が多数残っており、政権の足を引っ張ろうと手ぐすねを引いていた。安倍晋三が、古屋圭司ら郵政造反組を復党させたのは、このままでは反安倍勢力に対抗できないと考えたからだったが、これは裏目に出た。七〇％前後あった内閣支持率は五〇％台まで大きく急落し、小泉純一郎との関係も悪化してしまった。追い打ちをかけるように、行革担当相の佐田玄一郎《さたげんいちろう》の事務所費問題、柳澤伯夫の「産む機械」発言、農水相の松岡利勝《としかつ》（一九四五－二〇〇七）の事務所費問題など閣僚不祥事が相次ぎ、内閣支持率はさらに下落した。

決定打となったのは平成十九（二〇〇七）年五月二十八日の松岡利勝の自殺だった。同じころ、民主党は「消えた年金」問題の追及を強めた。この問題は、民主党の有力支持団体である社会保険庁の自治労系労組の杜撰《ずさん》な仕事ぶりが原因であり、安倍内閣に瑕疵《かし》はなかったが、内閣支持率下落に歯止めがかからなくなった。さらに六月末には防衛相の久間章生《きゅうまふみお》の「原爆投下はしようがない」発言が飛び出し、松岡利勝の後任農水相の赤城徳彦《あかぎのりひこ》にも事務所費問題が発覚した。

このような負のスパイラルの中、七月二十九日に投開票された参院選で自民党は三十七議席しか獲得できない歴史的な大敗を喫し、衆参は大きくねじれた。安倍晋三は内閣改造・党役員人事を断行し、出直しを図ったが、心労から潰瘍性《かいようせい》大腸炎を悪化させ、九月十二日に退陣を表明した。

振り返ってみれば安倍晋三の政権運営は青臭く稚拙《ちせつ》だった。それでも教育基本法改正、防衛庁の省昇格、国家公務員法改正、国民投票法など在任一年とは思えぬほど多くの成果を残した。首相の諮問機関として「安全保障の法的基盤の再構築に関する懇談会」を設置し、集団的自衛権の行使容認に向けた政府解釈変更に向けても動き出した。日本版ＮＳＣ（国家安全保障会議）設立に向け、国会に設置法案も提出した。

この早急《さっきゅう》な国家立て直し策に左翼勢力は「このまま安倍政権が続けば、憲法改正までやりかねない」と危機感を募らせ、激しい反安倍キャンペーンに結びついたのだろう。それでも、安倍晋三が第一次安倍政権で味わった悔しさと反省が平成二十四（二〇一二）年に民主党から政権を奪回し、第二次安倍政権以降に安倍「一強」体制を敷く原動力になったことは間違いない。

第六章

安倍晋三を強くした平成政治の修羅場

福田康夫と大連立構想

安倍晋三は平成十九（二〇〇七）年九月十二日に退陣表明すると、そのまま入院してしまった。森喜朗の動きは実に素早く、福田康夫を総裁にすべく、清和研《せいわけん》、宏池会《こうちかい》、平成研、志帥会《しすいかい》など主要八派を電光石火の早業《はやわざ》でまとめてしまった。安倍晋三は後継に麻生太郎を望んでいたが、福田康夫の優勢は崩しようのない情勢だった。

それでも麻生太郎陣営には、菅義偉《すがよしひで》、甘利明《あまりあきら》、中川昭一らが参集した。これに安倍晋三を加えた四人は頭文字をとって「ＮＡＳＡ」と呼ばれた。中川昭一はある夜、所属する志帥会（当時は伊吹派）の中堅・若手を集めた。このようなことを滅多にやる男ではないので参集した議員は「何事か」と思ったが、中川昭一はこう言った。

「伊吹（文明《ぶんめい》）さんが福田支持を決めたそうだけど、俺は麻生さんが好きなんだ。ひとかたならぬ恩義もある。だから俺は伊吹さんが何と言おうと麻生さんを推すつもりだ。俺のわがままを許しておくれ。君たちが福田さんを推そうと全然構わない。絶対に君たちを恨んだりしないから安心していいよ」

これを聞いた中堅・若手は涙目になり、帰ろうとする中川昭一に背広を着せるどころか、靴まで履《は》かせてくれた。この会合を機に志帥会の中堅・若手は大量に麻生支持に流れた。

九月二十三日に投開票が行われた自民党総裁選では、福田康夫が議員票二百五十四票、地方票七十六票の計三百三十票を集めて勝利したが、麻生太郎は議員票百三十二票、地方票六十五票の計百九十七票も集めた。麻生派（当時は為公会《いこうかい》）はその頃、総勢二十人の弱小派閥にすぎなかった。他の八派が福田支持に雪崩《なだれ》を打つ中でこの得票は驚異的だった。総裁選を通じて、麻生人気の根強さを知った福田康夫は重要閣僚か党役員での協力を求めたが、麻生太郎は拒否した。

福田康夫が首相就任後、手をつけたのは自民党と民主党の大連立構想だった。衆参ねじれを解消するにはそれしかないと考えたからだ。この構想を言い出したのは読売新聞グループを率いる渡邉恒雄だった。渡邉恒雄は山里会《やまさとかい》という秘密会合を定期的に開催しており、そこで「衆参ねじれを解消するには大連立しかない。自民党と民主党が手を組んで消費税増税や憲法改正など長年動かなかった政治課題に一気に決着すべきだ」と説《と》いた。出席者は「一体何を言い出すんだろう」と思ったそうだが、大連立構想は水面下で着々と進んでいた。

この構想に食いついたのは、民主党代表の小沢一郎だった。「首相は福田康夫のままで大連立を組んでもよい」という小沢一郎の意向は、森喜朗を介して福田康夫にも伝わった。

平成十九（二〇〇七）年十月三十日午前、福田康夫は小沢一郎と国会の常任委員長室で向き合った。自民党から幹事長の伊吹文明、国対委員長の大島理森《ただもり》、民主党から幹事長の鳩山由紀夫、国対委員長の山岡賢次も同席したが、途中で席を外し、最後の四十五分間は福田康夫と小沢一郎が膝詰《ひざづ》めで会談した。会談後、記者団に大連立の可能性を問われた福田康夫は「大連立って何なの？　頭の中では何でもできますよ。現実問題としてはどうなんでしょうね」ととぼけたが、大きな手応えを感じていた。密かに福田康夫から相談を受けた小泉純一郎も「首相を自民党から出せるなら迷う必要はない」と背中を押した。

二度目の会談は十一月二日。ここで小沢一郎は、自衛隊の海外派遣を随時可能とする恒久法制定にも前向きな考えを示した。福田康夫は自民、民主両党で大連立を組んだ上で両党の議員が生き残ることができるよう中選挙区制に戻すことも提案した。小沢一郎は「それは党内で協議しないといけないな」と言いながら終始にこやかに応じた。福田康夫は安《あん》堵《ど》の表情を浮かべた。

だが、喜ぶのはまだ早かった。小沢一郎が民主党役員会を招集し、大連立構想を諮《はか》ると猛反発を食らった。小沢一郎は「分かった！　断ってくる。この話はなかったことにしよう」と憤然と席を立ち、福田康夫に電話をかけ、ご破算にしてしまった。

よほど悔しかったのか、小沢一郎は十一月四日早朝に幹事長の鳩山由紀夫に辞表を届けた。鳩山由紀夫や代表代行の菅直人《かんなおと》らが慌てふためいて慰留すると、小沢一郎は代表辞任を撤回し、十一月七日の民主党両院議員総会で目をうるませながらこう語った。

「恥を忍んでここにやってきました。みなさんに多大なご迷惑をおかけした。私は不器用で口下手な東北気質のままです。次期衆院選で必ず勝利すべく頑張りましょう」

会場は拍手と歓声の嵐となり、最後は「頑張ろう三唱」で締めくくった。茶番劇としか言いようがない。小沢一郎について現東京都知事の小池百合子はこう評した。

「小沢さんは理念モードと政局モードがあって、これがパチッパチッて切り替わるのよ。それに多くの人は最初は魅了されるんだけど、段々嫌になってくるのよね。今は完全に政局モードに入ったわね（笑い）」

福田康夫の「引き際の美学」

小池百合子の指摘通り、小沢一郎は倒閣モードに切り替わっていたが、福田康夫はなお一縷《いちる》の望みをつないでいた。「話せば分かる。話せば分かるんです」。平成二十（二〇〇八）年一月十五日の記者会見で福田康夫はこう言い切った。にもかかわらず、小沢一郎は「大連立を持ちかけたのは福田康夫で自分は話を聞いただけだ」と釈明し、福田康夫との再会談を一切受け付けなかった。森喜朗はこう明かした。

「大連立は小沢さんが持ちかけ、福田さんが応えた。これは厳然たる事実だ。福田さんが総裁になった日に小沢さんから俺のところに話がきたんだからね。小沢さんは僕に『急がなきゃ駄目なんだ』と言ったんだ。民主党は医療制度や年金問題を批判してるけど、税や社会保障、医療といった問題は避けられないテーマなんだから、こういうのを争点にしたら仮に民主党が政権を取った時に困ることになる。こういう問題こそ、自民党と民主党が一緒になるべきじゃないのかな。ドイツだって大連立を組んで間接税を引き上げ、経済や財政の危機を乗り越えたんだ。小沢さんもそういう気持ちで大連立を持ちかけたんだと思うよ。でも小沢さんの考えは民主党内で受け入れられなかった。もう今は手足を縛られてリングに上がっているのと一緒でしょ。俺が電話しても小沢さんは出ないよ。頼まれて仲介したのに『すまなかった』の一言もない。民主党の渡部恒三《わたなべこうぞう》（一九三二－二〇二〇）さんと話をしたら『小沢一郎は昔からそうだから俺たちは慣れてんだが、病気はいつまで経っても治んねえな』と笑ってたけどね」

小沢一郎は大連立構想などなかったかのように、衆参ねじれを最大限利用して圧力をかけた。予算案は衆院の優越で成立するが、予算に関連する法案はそうはいかない。自公両党は衆院で三分の二超の議席を有していたので衆院で再議決すれば成立するが、そうなると民主党は内閣不信任決議案を出し、その後一切審議拒否するに違いない。福田康夫はそれだけは避けたかった。

小沢一郎が目をつけたのは、年度末に期限が切れる「日切れ法案」だった。この法案が成立しないと予算案が通過しても執行できないのだ。中でも、ガソリンにかかる揮発油《きはつゆ》税の暫定税率に関する日切れ法案が年度末で切れると、その影響は甚大だった。民主党は「ガソリン値下げ隊」を編成し、全国で大キャンペーンを始めた。

一月二十九日夜、自民、公明両党は窮余《きゅうよ》の策として、暫定税率の期限切れを防ぐためのブリッジ法案を国会に提出した。法案が一月中に衆院通過すれば、民主党が掲げる四月からの「ガソリン値下げ」は水泡《すいほう》に帰《き》す。民主党は、本会議開会を阻《はば》もうとピケを張り、衆院議運委員長の笹川堯《たかし》らを議運理事会室に監禁し、国会内に怒号が響き渡った。

翌三十日に事態は一転した。衆参両院議長が仲裁に乗り出し、与野党幹事長が暫定税率を担保する歳入関連法案に関し「年度内に一定の結論を得る」とする合意文を交《か》わしたのだ。自民、公明両党は胸をなで下ろしたが、民主党に常識や良識は通用しない。二月末の予算案の衆院強行採決を理由に議長仲裁を反故《ほご》にしたのだ。この時の参院議長は民主党の江田五月《えださつき》だった。判事出身のくせに自分がサインした合意文をいとも簡単に反故にしながら、屁理屈《へりくつ》をこねて強弁し、引責辞任さえしなかった。「これが民主党の正体なのか」と怒りに震えたが、多くのメディアは批判しなかった。

福田康夫は道路特定財源の一般財源化を表明し、「混乱を回避し、国民生活を守るという首相の責任を全《まっと》うするために何としても野党のみなさんとの話し合いの機会を作らなければいけない」と訴えて民主党に協力を呼びかけたが、小沢一郎はにべもなかった。

「政府・自民党の言う通りにいかないと国民生活が混乱するという論理は、半世紀以上続いた長期権力の奢《おご》りであり錯覚じゃないのか」

福田康夫と小沢一郎のどちらが奢っていたのか。四月一日にガソリンは全国一斉値下げとなり、民主党は勝利の美酒に酔いしれた。ガソリン値下げ騒動は、自公両党が五月に衆院再議決により元の税率に戻して落ち着いたが、民主党の卑怯《ひきょう》なやり口は許せない。しかも民主党は政権を奪取した後にガソリン値下げなどやろうともしなかった。その瞬間だけ国民に受ければそれでよい。自民党を追い込んで、政局的に有利になればそれでよい。それが民主党の正体だった。

三月の日銀総裁人事でも、小沢一郎は、政府案の元財務事務次官の武藤敏郎《としろう》を充《あ》てる案を突っぱね、副総裁候補だった日銀出身の白川方明《まさあき》を総裁に押し上げた。これが金融政策上の観点から白川方明を推したなら話も分かるが、小沢一郎は本音では武藤敏郎を日銀総裁にしたかったようだ。福田康夫は、小沢一郎に事前に電話をかけ、武藤敏郎の起用で内諾を得ていたからだ。つまり、小沢一郎は自民党を追い込むためだけに日銀人事さえ、政局の手段に使ったのだ。この非常識さには呆れてものも言えない。結局、学究肌の白川方明はデフレに有効な手立てを一切講じようとせず、デフレ不況を悪化させただけだった。

四月九日、福田康夫は就任以来二度目の党首討論（国家基本政策委員会合同審査会）に臨んだ。一月九日の党首討論では「まったく同感です」「ごもっともな話です」と小沢一郎に同調していたが、この日は違っていた。

「百日ぶりの討論ですが、こちらが質問にお答えする前にぜひ一つお尋ねしたい。昨年、お会いしたときは『一緒になってやらなきゃいかん』という気持ちだったと思いますが、その気持ちを忘れてもらっては困ります。（野党にも）政治に対する責任はあるのだから誰と話せば信用できるのかぜひ教えていただきたい。本当に苦労しているんですよ。かわいそうなくらい苦労しているんですよ」

懇願調で何とも情けないが、これが福田康夫の小沢一郎に対する決別宣言だった。五月十三日、福田康夫は、そりが合わないはずの安倍晋三を訪ねた。

「いやーっ、『戦略的互恵関係』っていうのはなかなか便利な言葉だね」。福田康夫はさばさばした表情で、五月七日の胡錦濤中国国家主席との首脳会談の話を切り出したが、来訪した目的は別にあった。

「小沢っていうのは本当にひどい男だ！　つくづく嫌になったよ。もう国会は延長せずに閉じる。僕はね、予算さえ通れば辞めてもいいと思ってたんだ」

福田康夫の激しい口調に、さすがの安倍晋三も「何を言っているんですか。七月には洞《とう》爺《や》湖《こ》サミットもある。ここで踏ん張らないでどうするんですか」と取りなすと、福田康夫は「まあサミットがあるからね」と冷静さを取り戻し、「おじゃましたね」と帰っていった。

なぜ福田康夫が安倍晋三に苦しい心境を吐露したのかは分からないが、すでにこの時期から福田康夫は「引き際」を探っていたのだ。

福田康夫は、六月の独英伊歴訪や七月七〜九日の主要国首脳会議（北海道洞爺湖サミット）でも議長国として存在感を示すことができ、次第に気力を取り戻したが、その裏で予想もしなかった動きが進みつつあった。公明党による「福田降ろし」だった。

「次の衆院選はいつになるか分からない。福田首相が自らの手で解散するか。あるいは支持率が低迷し次の首相で解散になるか」

七月二日夜、公明党代表を長く務めた神崎武法《かんざきたけのり》が千葉県内で講演し、「次の首相」を口にした。自民党はさほど重く受け止めていなかったが、実は創価学会の意を汲《く》んだ「観測気球」だった。創価学会が注視したのはサミット後の内閣支持率だった。創価学会はサミット効果で六ポイント上がれば、回復基調に乗るが、それ未満ならば「退陣やむなし」と判断していた。六ポイントという微妙な数字の根拠はよく分からない。

内閣支持率はサミット後も横ばいだった。これを機に公明党は露骨な陽動作戦に動き出した。幹事長の北側一雄は「内閣改造したからといって支持率が高くなる保証はない」と言い放ち、公明党代表の太田昭宏は、福田康夫の党首会談の誘いに難色を示した。内閣改造を断行されれば、首相が福田康夫のまま衆院解散となる可能性が高まるからだった。このような公明党の「選挙至上主義」には憤《いきどお》りを感じるが、公明党にも言い分があった。福田康夫が断りもなく、小沢一郎と大連立構想を進めたからだ。民主党と大連立となれば次は「公明外し」となることは自明だった。

友党《ゆうとう》の心変わりにより再び苦境に立たされた福田康夫が切り札にしたのが、麻生太郎の幹事長起用だった。

七月三十一日夜、麻生太郎は妻の千賀子《ちかこ》と夫婦水入らずで山形・かみのやま温泉に静養に行った。その矢先に福田康夫から電話で幹事長就任を要請されたのだ。麻生太郎にとって厳しい決断だった。幹事長に就任すれば福田康夫と一蓮托生《いちれんたくしょう》となりかねない。だが、固辞すれば麻生太郎が福田康夫に引導を渡した「戦犯」になりかねない。麻生太郎は即答せずに東京に戻り、翌八月一日、公邸を訪れた。

「自民党は結党以来の存亡の危機です。なんとか力を貸してください」

福田康夫にこう懇願され、麻生太郎が返答に窮《きゅう》していると福田康夫はこう続けた。

「私の手で解散をするつもりはありません。あなたがやってください」

これには麻生太郎も二の句を継げず、深々と頭を下げた。麻生太郎の幹事長就任により、政権は小康状態を取り戻したが、福田康夫はなおも「引き際」を探っていた。

「国民生活を考えれば政治的な駆け引きで政治空白を生じることがあってはなりません。この際、新しい布陣で政策実現を図らなければならないと判断し、本日辞任を決意しました」

九月一日夜、福田康夫は首相官邸で記者会見を開き、唐突《とうとつ》に辞任を表明した。この直前、福田康夫は麻生太郎にこう言った。

「この難局で続けていくのは難しいので辞めようと思います。後はあなたの人気で華々しく総裁選をやり、民主党を打ち負かしてください」

福田康夫

ある意味で見事な引き際だった。福田康夫は記者会見の最後に、記者に執拗《しつよう》な質問を受け、「あなたは『他人事《ひとごと》のようだ』とおっしゃるが、私は自分を客観的に見ることができる。あなたとは違うんです」と逆切れし、顰蹙《ひんしゅく》を買ったが、地位に恋々《れんれん》としない自らの美学を何も分かっていない記者に踏みにじられたくなかったのだろう。

麻生太郎の「どす黒い孤独」

福田康夫の退陣を受けた自民党総裁選は平成二十（二〇〇八）年九月十日に告示され、麻生太郎、元官房長官の与謝野馨《よさのかおる》（一九三八－二〇一七）、元防衛相の小池百合子、元政調会長の石原伸晃《のぶてる》、元防衛相の石破茂の五人の争いとなった。結果は麻生太郎が議員票三百五十一票、地方票百三十四票を獲得して圧勝した。四回の挑戦の末につかんだ総裁の座だった。九月二十二日に新総裁に選出された麻生はこう宣言した。

「私に与えられた天命とは次なる選挙で断固民主党と戦うことです。国民が抱える数々の不安に応え、国家国民を守る安全保障問題を堂々と掲げ、実行に移す力はわが党以外にありません」

麻生太郎は九月二十四日に衆院で首班指名を受け、第九十二代首相に就任したが、内閣支持率、自民党支持率ともに期待ほど回復しなかった。安倍晋三、福田康夫と一年ごとに政権が変わったことに世間の目は冷ややかだったのだ。九月十五日には米証券大手リーマン・ブラザーズが破綻《はたん》し、「リーマン・ショック」と呼ばれる世界恐慌が広がりつつあった。

就任直後に電撃解散を打つというシナリオは早くも崩れ始めた。しかも米国では民主党大統領候補のバラク・オバマが「イエス・ウィー・キャン」と言いながら政権交代の風を吹かせていた。これが太平洋を渡ってくるのは時間の問題と思われた。

九月下旬に自民党は極秘に世論調査を実施した。分析結果は、自民党は小選挙区（三百選挙区）で百四十六議席、比例代表（百八十議席）で六十九議席の計二百十五議席にすぎなかった。民主党は小選挙区百四十一、比例代表七十三の計二百十四議席で拮抗《きっこう》しており、公明党が現状三十一議席を維持すれば、自民、公明両党で過半数（二百四十一議席）をわずかに上回る数値だった。

別添《べってん》の分析メモはさらにショッキングな内容だった。相手候補に五ポイント以上差を付けた「当選有力議席数」では、自民党は小選挙区で八十四議席にすぎず、比例代表を加えても百四十一～百四十七議席を獲得できれば御《おん》の字《じ》だった。逆に民主党は小選挙区で五ポイント以上リードしている選挙区が百二十一もあり、比例代表も合わせれば、二百議席に迫っていた。リーマン・ショックによる株価下落は凄《すさ》まじく、その不安と怒りは政権与党に向かいつつあった。「オバマ旋風」の相乗効果を計算に入れると、この方が現実味を帯びた数値だった。

麻生太郎はやむなく代表質問最終日の十月三日解散のシナリオを捨てた。次に麻生が狙ったのは、第一次補正予算を成立させ、第二次補正予算のメニューを示した直後の解散だった。麻生太郎は十月十日夜、幹事長の細田博之を都内のホテルに密かに呼び出し、十一月十八日公示、三十日投開票の衆院選日程を明かし、準備を指示した。

だが、株価と連動するように内閣支持率は下落の一途をたどった。選挙対策を事実上取り仕切っていた菅義偉は「このまま総選挙に突入するとまずい」と考え、猛烈な巻き返しを図った。十月十六日夜、菅義偉は、財務相の中川昭一、行革担当相の甘利明とともに都内のホテルで麻生太郎に衆院解散を先送りするよう説得した。麻生太郎は「おれはデータなんか信じない。勝負してみないと分からないじゃないか」と強気だったが、菅義偉に「やっとの思いで政権を取ったのに何もやらずに政権を手放すんですか」と言われ、「う〜ん、悩むな」と黙り込んでしまった。

結局、解散は先送りされた。すると「待っていた」とばかりにメディアの麻生バッシングが始まった。「連夜のバー通い」「カップラーメンの値段を知らない」「漢字が読めない」――。取るに足らないどうでもよい批判を連日続け、内閣支持率は急落し、二〇%を割り込んだ。年が明けた平成二十一（二〇〇九）年二月には、先進七カ国財務相・中央銀行総裁会議（G7）後の「朦朧《もうろう》会見」の責任を取り、財務相の中川昭一が辞任してしまった。

ただ、反転攻勢の機会がなかったわけではない。三月に西松建設の違法献金事件で小沢一郎の公設秘書が東京地検特捜部に逮捕され、自民党の支持率は久々に民主党の支持率を上回った。安倍晋三は「今がチャンスだ。解散するには今しかない」と言ったが、麻生太郎と菅義偉はこの傾向がもう少し続くと考え、景気対策を優先させた。五月の連休後に小沢一郎と党首討論を行い、補正予算成立直後に衆院を解散する腹づもりだった。

結局、この判断が命取りになった。小沢一郎は先手を打って五月十一日に民主党代表を電撃辞任し、次の代表に鳩山由紀夫が選ばれた。小沢一郎は選挙担当の代表代行という役職で、カネも権限をすべて掌握したまま。シャッポをすげ替えただけの交代劇だったが、民主党の支持率は一気に跳《は》ね上がり、ここから先はいつ衆院解散しても政権交代が確実な情勢となった。六月に入ると、自民党内で中川秀直《ひでなお》らが「麻生降ろし」を主導し、これに公明党も同調した。

七月十二日、東京都議選で自民党は大敗した。翌十三日に麻生太郎は二十一日の衆院解散を明言したが、もはや党勢を回復させる手立ては残っていなかった。十五日には財務相の与謝野馨と農林水産相の石破茂が首相官邸を訪れ、麻生太郎に退陣を迫った。麻生太郎はこの頃の苦悩について「どす黒いほどの孤独」と表現している。

八月三十日投開票の衆院選は民主党が三百八議席を獲得して大勝し、自民党は百十九議席という歴史的惨敗を喫した。中川昭一や萩生田《はぎうだ》光一も落選した。公明党も代表の太田昭宏、幹事長の北側一雄がともに落選した。麻生太郎は退陣を表明し、野党自民党の総裁は谷垣禎一《たにがきさだかず》に代わった。

細川護熙《もりひろ》の非自民連立政権が行った政治改革で導入された小選挙区比例代表並立制は「政権交代可能な選挙制度」と言われたが、十年余りを経て、それが現実となった。私もかつては「日本も政権交代した方がいい」と思っていたが、福田康夫、麻生太郎両政権で見せた民主党の卑劣《ひれつ》さ、無責任さ、無能さを見て「こんな政党に政権を取らせたら日本は滅びる」と確信した。

麻生政権末期の自民党の体《てい》たらくをみれば、民主党が政権を次に担《にな》うことになるのは時間の問題だったが、民主党は政権運営に向けた準備を何もしていなかった。政権交代前から小沢一郎には資金管理団体「陸山会《りくざんかい》」に絡《から》む「政治とカネ」問題が、鳩山由紀夫には母親からの多額献金問題がくすぶっていた。米軍普天間《ふてんま》飛行場移設問題をめぐり、鳩山由紀夫は「最低でも県外」と言い放ち、いずれ大問題となることは間違いなかった。そもそも「日本は日本人だけのものではない」と公言する人物が日本の首相としてふさわしいはずがない。にもかかわらず、これらを問題視したのは産経新聞だけだった。他のメディアは、政権交代すればバラ色の未来が広がるかのような報道を続けた。政権交代は残念ながら必然だった。人は一度痛い思いをしなければ、懲《こ》りないのだ。

民主党政権の悪夢

衆院選圧勝を受け、民主党代表の鳩山由紀夫は平成二十一（二〇〇九）年九月十六日に第九十三代首相に就任した。民主党と社民党と国民新党の連立政権だった。社民党党首の福島瑞穂《みずほ》までも消費者・男女共同参画担当相として入閣した。小沢一郎は幹事長に返り咲き、政権のすべてを掌握する存在となった。

永田町の雰囲気は一変した。「もの言えば唇寒し」。自民党はある意味で「緩い」政党だ。議員会館の各事務所の扉はいつも開きっぱなしで、政治家や秘書、後援会幹部、業界関係者らがお茶を飲みながら歓談していた。そこに記者たちも割り込み、情報を収集するとともに人脈を広げるのだ。

ところが、民主党政権は違った。事務所に行くにもアポイントがなければ駄目。名前や所属、要件などを書いた取材依頼を出すと、その紙はすぐさま民主党幹事長室にFAXされた。ほとんどの取材依頼は却下。永田町はまるで社会主義国家のような冷たい空気に包まれた。小沢一郎は、自民党を干し上げるべく業界団体に圧力をかけ、自民党本部は細川護熙政権の頃と同じように閑古鳥《かんこどり》が鳴いた。

鳩山由紀夫は初閣議で事務次官会議廃止を決め、「日米間の『核密約』調査」「八ツ場《やんば》ダム中止」「『アニメの殿堂』建設中止」などを各閣僚に命じた。果たしてこれが政策と言えるのか。この直後に鳩山由紀夫は国連総会開催中の米国を訪問し、米大統領のバラク・オバマに「東アジア共同体構想」や「友愛外交」を訴えた。中国国家主席の胡錦濤には「チベット問題は中国の内政問題だと理解している」と胸を張った。あまりの浮世離れにオバマも胡錦濤もさぞかしドン引きしたことだろう。

民主党は衆院選のマニュフェストで「年三十一万二千円の子ども手当」「農家の戸別所得補償」「公務員人件費の二割削減」「高速道路無料化」「ガソリン税廃止」「消えた年金の徹底調査」「月七万円の最低保障年金」「中小企業向け減税」「衆議院の比例代表八十削減」などバラ色の政策を謳《うた》ったが、まともに実現したものはほとんどない。「詐欺フェスト」と言われても仕方あるまい。

それでもこれらの政策は「財源がなかった」云々《うんぬん》と言い訳できるが、鳩山由紀夫が米軍普天間基地移設を「最低でも県外」と言ったことは言い訳しようがない。「腹案がある」と大見得《おおみえ》を切ったが、奄美《あまみ》大島などへの移設を漠然と考えていただけで「腹案」と呼べる代物《しろもの》ではなかった。

鳩山由紀夫は十一月十三日、来日したオバマから普天間移設に関する日米合意の早期履行を求められ、「Ｐｌｅａｓｅ，ｔｒｕｓｔ ｍｅ（どうか私を信じてください）」と懇願した。オバマは「Ａｂｓｏｌｕｔｅｌｙ Ｉ ｔｒｕｓｔ ｙｏｕ（もちろん、君を全面的に信頼してるよ）」と応じたが、鳩山由紀夫は翌十四日に来日中のオバマを置き去りにしてシンガポールを訪問し、記者団に「それはオバマ大統領の誤解だ。日米合意は前提ではない」「年末までに解決するとは言っていない」などと釈明した。

鳩山由紀夫の無責任な対応に激怒したオバマは、平成二十二（二〇一〇）年四月に米ワシントンで開催された核安全保障サミットの際、鳩山由紀夫との会談を「多忙」を理由に拒否した。外務省が米政府に頼み込んで、夕食会の席を隣にしてもらったが、オバマは、鳩山由紀夫の釈明を遮《さえぎ》ってこう言った。

「You have done nothing. Can you follow through?（何も進んでないじゃないか。お前は本当にやり遂げることができるのか？）」

これが対等な首脳同士の会話と言えるだろうか。オバマは「核なき世界」を訴えながら大して何もせずに国際社会を混乱させた張本人であり、米国務省内で「ジミー・カーターの再来」とバカにされる存在だった。そんな男に日本の首相が無礼な仕打ちを受けたならば、日本人は怒るべきだろうが、鳩山由紀夫の言動を追うと、オバマが怒っても仕方ない。しかも鳩山由紀夫は「トラスト・ミー」発言について、後に「夕食会でパンケーキを勧めるときにトラスト・ミーと言っただけだ。普天間とは関係ない」と言い訳した。一体どういう神経の持ち主なのか。

結局、鳩山由紀夫は五月四日、「学べば学ぶほど（米海兵隊が）抑止力を維持していることが分かった」と述べ、米軍普天間飛行場の県外移設の見送りを表明した。中国やロシアをはじめ世界の主要国は、日米同盟の動きを常に注視している。鳩山由紀夫は就任後わずか半年で長年築き上げてきた日本の国際的な信用力をどん底に貶《おとし》めた。現在の韓国大統領、文在寅《ムンジェイン》は条約さえ踏みにじるでたらめな外交を続け、多くの日本人は呆れ果てているが、つい十年前の日本政府は同レベルかそれ以下だったことを忘れてはならない。

鳩山由紀夫が母親、鳩山安子《やすこ》から毎月一千五百万円の資金提供を受けながら政治資金収支報告書に虚偽記載していた問題も火を噴いた。受け取った「子ども手当」の総額は十二億六千万円。これは悪質な脱税事件だが、東京地検特捜部は元秘書二人を政治資金規正法違反の罪で起訴しただけで捜査を終結させ、鳩山由紀夫は贈与税納付だけで難を逃れた。

平成二十二（二〇一〇）年一月、小沢一郎の陸山会をめぐる「政治とカネ」問題で、東京地検特捜部は、秘書ら三人を政治資金規正法違反容疑で逮捕した。そもそも資金管理団体が多数の不動産売買をしていること自体がおかしな話だ。起訴状によると、二十億円超の虚偽記載が見つかっている。にもかかわらず、小沢一郎は嫌疑不十分で不起訴処分になった。鳩山由紀夫の件も、小沢一郎の件も、自民党議員が同じことをしていたら、東京地検はこんな寛大な措置で終わらせただろうか。検察庁の思想的偏向とダブルスタンダードは目に余る。

平成二十一（二〇〇九）年十二月には、中国国家副主席だった習近平（現国家主席）を「三十日ルール」をねじ曲げて天皇陛下（現上皇陛下）に会見させた問題も発覚した。とんでもなく不敬な話だが、小沢一郎は記者会見で「内閣の一部局の役人が、内閣に文句を言うなら辞表を提出してから言うべきだ」と言い放った。

この頃になって国民もようやく民主党の異常さと無責任さに気づいたようだ。発足当初七〇%を超えた鳩山由紀夫内閣の支持率は下落の一途をたどった。民主党政権は、リベラル勢力の無定見、無責任、独善、欺瞞《ぎまん》を具現化したような政権だった。外交も、安全保障も、経済政策もすべてでたらめ。日本の国際的な地位は失墜《しっつい》し、経済もどん底。「日本はこのまま終わってしまうかも知れない」。良識ある国民は本気でそう思ったはずだ。それでも産経新聞を除くメディアは相変わらず民主党政権に甘かった。政権交代までの自民党政権に対する異様なまでの攻撃は一体何だったのか。

鳩山由紀夫は六月二日、民主党の両院議員総会で退陣を表明した。

「私たちの政権与党のしっかりとした仕事が、必ずしも国民の皆さんの心に映っていない。国民が徐々に聞く耳を持たなくなってしまった」。まるで国民が悪いかのような言いっぷりだった。

邪悪な男　菅直人

次に民主党代表となり、第九十四代首相に就任したのは、菅直人だった。鳩山政権よりは多少まともになるかと期待したが、輪をかけて酷《ひど》い政権だった。

菅直人は、小泉純一郎のポピュリズムに満ちた政治手法に相当影響を受けたのではないか。党内に敵を作り、ファイティングポーズを見せることで政権を浮揚《ふよう》させる手口を多用した。敵は小沢一郎だった。

だが、民主党は、自民党から政権を奪うためだけに、国家観も思想・信条も全く異なる面々が集まった「寄せ集め」所帯だ。党内で敵を作ると求心力を維持できない。菅直人が小泉流をまねたばかりに民主党の崩壊は加速した。考えようによっては「菅直人はよいことをした」と言えるかも知れない。

政権交代前から森喜朗が面白いことを言っていた。

「民主党は君が思っているより強固な組織だぞ。小沢一郎、鳩山由紀夫、菅直人が『トロイカ』とかいうトライアングルを作ってるだろ。この三人は普段反目していても、岡田克也や前原誠司ら次の世代がのし上がってくると、がっちり固まって潰《つぶ》してしまうんだ。三角形の頂点をカチカチと交代しながらね。これが健在な限り民主党は強い。でもこのトライアングルが壊れたら分解する。その時が民主党を潰すチャンスだ」

果たして森喜朗の予想通りだった。森喜朗の政局の先を読む能力は抜群に鋭い。自分の損得や好き嫌いが絡む自民党の政局では読み違えることもあったが、民主党に関しては、その読みはほぼすべて当たっていた。

菅直人はもう一つよいことをした。平成二十二（二〇一〇）年七月の参院選で、唐突に消費税増税を掲げたことだ。現実主義の責任感のある政党であることをアピールしたかったのかも知れないが、大して信念はないので、民主党内で猛反発に遭うと発言を二転三転させ、混乱に拍車をかけた。参院選は一人区《いちにんく》で八勝二十一敗と大きく負け越し、獲得議席は四十四議席にとどまった。民主党は連立与党の国民新党を合わせても参院で過半数割れとなり衆参は再びねじれた。これにより、民主党政権は、人権侵害救済法案などのトンデモ法案を容易に成立させることができなくなった。菅直人最大の功績だといえる。

民主党政権時代は、政局報道でネタに事欠くことはなかった。次々に騒動が起きるからだ。ただ、自民党のような深謀遠慮《しんぼうえんりよ》はない。その日限りの日替わりメニューなのだ。結局、民主党は政党の体《たい》をなしておらず、学生コンパの乗りで政治ごっこをやっている組織だった。そんな政党に日本の将来を翻弄《ほんろう》されたのだからたまらない。

中でも、平成二十二（二〇一〇）年九月七日、日本固有の領土である尖閣諸島付近で海上保安庁の巡視船に中国漁船が衝突した事件の菅直人の対応は看過できない。

海上保安庁は漁船の船長を逮捕し、那覇地検石垣支部に送検した。中国が強硬に船長の釈放を求めると、慌てた菅直人は十三日に船員十四人を帰国させたが、那覇地検は、船長だけは勾留《こうりゅう》を続け、起訴に向けて司法手続きを進めた。すると中国はさらに圧力を強め、レアアースの輸出停止などの報復措置を次々に打ち出し、ゼネコンの社員四人も拘束した。これに恐れおののいた政府は検察庁に圧力をかけ、那覇地検は九月二十四日にやむなく船長を処分保留で釈放させた。

官房長官の仙谷由人《せんごくよしと》（一九四六－二〇一八）は「（船長釈放は）那覇地検独自の判断だ。これを諒《りょう》とする」と語り、検察庁に罪をなすりつけたが、首相官邸が検察に圧力をかけたことは数々の証言で裏付けられている。

事件当時、国交相だった前原誠司は最近になって産経新聞に重大な証言をした。菅直人は、十一月に横浜で予定されたＡＰＥＣ首脳会議に中国国家主席の胡錦濤が欠席することを恐れて「船長を釈放しろ。おれはＡＰＥＣの議長だぞ。言う通りにしろ」と強い口調で命じ、仙谷由人はやむなく従ったのが真相だという。ぜひ、国会でも検証してほしい。

この事件は重大な意味を持っていた。中国がすでに尖閣諸島を含む東シナ海を事実上の領海と見なしていることを図らずも証明してくれたからだ。それだけに日本が尖閣諸島周辺海域で海上警察権を行使できることを絶対に認めるわけにはいかなかったのだろう。

中国は「権力の空白」を決して見逃さない。一九七三年に米軍がベトナムから撤退すると、翌七四年に西沙《せいさ》諸島（パラセル諸島）を軍事占領した。一九九一年に米国がフィリピンのスービック海軍基地とクラーク空軍基地から撤退すると、翌九二年に領海法という国内法を作り、尖閣諸島、西沙諸島、南沙《なんさ》諸島（スプラトリー諸島）を中国領だと勝手に規定した。直後から南沙諸島を次々に占領し、滑走路やミサイル格納庫を有する人工島を建設した。現在は七つの人工島を建造し、うち三つに三千メートル級滑走路を整備している。

民主党政権の迷走により、日米同盟が風前《ふうぜん》の灯火《ともしび》となるのを見て、中国は「力の空白」が生じたと判断したのだろう。もし、あのまま民主党政権が続けば、尖閣諸島の軍事占領は時間の問題だった。そして中国は次の触手を、沖縄本島を含む南西諸島に伸ばしてきたに違いない。日本はまさに国家存亡の瀬戸際《せとぎわ》に追い込まれていたのだ。

平成二十三（二〇一一）年三月十一日午後二時四十六分、三陸沖を震源に起きたマグニチュード九・〇の巨大地震は、大津波を発生させ、東北地方を中心に甚大な被害をもたらした。東日本大震災である。地震や津波に加え、東京電力福島第一原発事故が被害を拡大させた。

菅直人は震災直後にヘリコプターで現地視察に行き事故現場を混乱させたが、そんなことは序の口だった。菅直人と官房長官の枝野幸男は、津波による全電源喪失に陥《おちい》った福島第一原発がメルトダウン（炉心溶融《ろしんようゆう》）し、大量の放射能が周辺地域に拡散したにもかかわらず、情報を隠蔽《いんぺい》した。東京工業大卒で「俺は原発には滅茶苦茶《めちゃくちゃ》詳しい」と豪語していた菅直人がメルトダウンが起きたことを知らなかったはずはない。枝野幸男は三月十四日夜の記者会見で「（メルトダウンが）起きている可能性は高い」と語ったにもかかわらず、その後は「炉に穴があく状態ではない」「冷却は一定程度できている」などととぼけ続けた。結局、菅直人内閣が正式にメルトダウンを認めたのは国際原子力機関に報告した六月だった。

事故直後から文部科学省所管の原子力安全技術センターが運用するＳＰＥＥＤＩ（緊急時迅速放射能影響予測ネットワークシステム）は周辺地域への放射能拡散を予測していたが、菅直人は被災地に避難指示や屋内待機指示を出さなかった。被災者は屋外で炊《た》き出しをしていた。パニックを恐れて被災者を見殺しにしたと批判されても仕方あるまい。

一連の経緯については政府や国会、民間事故調などが検証報告をまとめており、当時の首相官邸が機能不全に陥り、混乱を助長したことは多くの証言で裏付けられている。では、菅直人は一体何をしていたのか。誰彼構わず怒鳴り散らしていただけだった。ある官僚は首相執務室に入って唖然《あぜん》とした。執務室のテーブルには新聞や雑誌の切り抜きが散乱しており、至る所に傍線が引いてあった。この重大な局面にメディアが自分のことをどう書いているかばかりを気にしていたのだ。

民主党内で内ゲバとも言える醜い争いが起き、菅直人は平成二十三（二〇一一）八月二十六日、退陣した。この後、民主党代表に選出された野田佳彦《よしひこ》が九月二日に第九十五代首相に就任したが、もはや民主党の崩壊は止まらず、野田佳彦は一年間で三回も内閣改造を行ったあげく、平成二十四（二〇一二）年十一月十四日に行われた党首討論で、自民党新総裁の安倍晋三を前に衆院解散を唐突に表明した。

鳩山由紀夫、菅直人と二代連続してあまりに酷い政権が続いたので野田佳彦は比較的ましだと言われているが、私は全く評価していない。消費税を八％、一〇％の二段階で引き上げる社会保障・税「一体改革」関連法案は民主、自民、公明の三党合意により、成立にこぎ着けたが、引き上げ時期はいずれも衆院任期満了後だった。衆院選後も民主党政権が続き、野田佳彦が首相である可能性は限りなくゼロに近かったのだから無責任極まりない。

税率アップのタイムスケジュールを時限爆弾として仕掛けられたことにより、安倍晋三はずいぶんと苦しめられた。

三年四カ月続いた民主党政権は悪夢だった。安倍晋三が平成三十一（二〇一九）年の自民党大会で「悪夢のような民主党政権」と言い、民主党政権で外相などを務めた岡田克也が激しく反発したが、「悪夢のような」ではなく悪夢そのものだった。日本の国際的地位は地の底に堕《お》ち、日経平均株価は七千円台に落ち込んだ。安倍晋三は「このままでは日本が溶けてしまう」と危機感を露わにした。

それでも自民党にとって、民主党政権はありがたい存在だったといえる。もし自民党政権下で東日本大震災が起きていたならば、被災者支援や復興、原発事故対応などをずっと上手くやっただろうが、国民は最悪の事態を知らないのだから、自民党は存亡の危機を迎えたはずだ。「首相なんて誰がやっても同じだ」という無責任な意見が消えたのも、民主党政権のおかげだ。民主党政権がなければ、安倍晋三の復活も難しかった。人は痛い思いをしないと懲りない。民主党政権は、あらゆる意味で反面教師として政治史に名を刻むことになるだろう。

雌伏の日々

安倍晋三にとって平成十九（二〇〇七）年九月の退陣後の五年間は「地獄の日々」だった。「あの時にこうすればよかった」「もしあの判断を誤らなければ」と後悔の連続だった。「政界引退」も何度も頭をよぎった。特に福田康夫、麻生太郎の両政権が最も苦しんだのは衆参ねじれによる国会の迷走だった。これは自らが陣頭指揮した平成十九（二〇〇七）年参院選惨敗に起因する。参院は解散がないので一度ねじれると最低三年は続く。「敗軍の将」として強い自責の念があった。

入院と自宅療養により、三カ月ほどで潰瘍性《かいようせい》大腸炎の症状は収まった。安倍晋三がまず始めたのは、地元・山口での「お詫び行脚《あんぎゃ》」だった。選挙区である山口四区（下関市、長門《ながと》市）で後援会や支持者の家を一軒一軒訪ね、詫びて回った。

ほとんどの人々は驚くほど優しく「失敗したと思うなら、それを次に活かせばいいじゃないか」と励ましてくれた。ただ、山間部を訪ねた時、ある老人にこう言われた。

「（安倍）晋太郎先生は命がけで政治をやって、首相になる前に本当に死んでしまった。

晋三さん、あんたはお父さんのように本当に命をかけて政治をやったのか?」

安倍晋三は雷を打たれたようなショックを受けた。これが長州《ちょうしゅう》(山口県)のすごいところだ。明治維新を主導し、初代首相の伊藤博文を含め、安倍晋三まで計八人の首相を輩出した秘密はここにある。長州の人たちは国会に送り出す政治家に対し、ほとんど見返りを求めない。しつこく陳情にも来ない。その代わりに首相になることを求めるのだ。首相になれば、何も言わなくとも、地元に予算が付くことを彼らは知っている。元外相の高村正彦《こうむらまさひこ》が一度は総裁選に挑戦し、農水相などを務めた林芳正《よしまさ》がなお総裁の座を狙い続けるのも、首相を狙う気概を見せ続けないと地元の人々が納得しないからだ。

そういうお土地柄なので、一度政権を手放した安倍晋三に対し、後援会が引導を渡す可能性も十分あった。安倍晋三もそれを覚悟していたようだが、多くは「わしらがしっかり支えるからもう一度頑張れ」と励ましてくれた。安倍晋三が政治家を続ける気力を取り戻すことができたのは地元の人々のおかげだった。

長い雌伏《しふく》の時を迎えた安倍晋三は、自分が何を失敗したか、何をすべきだったのかを見つめ直した。その後の政権の動きもつぶさに追い、「どこで判断ミスをしたのか」「自分ならどうするのか」など、克明にメモを書くようになった。

地元から東京に戻った安倍晋三は、芥川龍之介の小説「杜子春《とししゅん》」のような心境だった。仙人に金塊のありかを教えてもらい、金持ちになった杜子春の家には「友人」と称する大勢の人が日参したのに、無一文になると誰も振り向きもしない。そんな世の中にすっかり嫌気がさした杜子春は仙人になろうとする。そんな話だ。安倍晋三も杜子春と同じ気持ちだった。第一次政権発足前、おべんちゃらを言って近づいてきた政治家、閣僚、メディア関係者の大半が姿を見せなくなった。側近面《づら》をしていたのに安倍晋三の悪口を言って回る政治家も少なくなかった。そんな中でも事務所に頻繁に訪れ、励ましてくれる政治家や官僚、財界人らもわずかながらいた。

「おかげで誰が本当の味方で誰が敵なのか、よくわかったよ」

安倍晋三はこう言った。政治家では麻生太郎、菅義偉、中川昭一、甘利明らは別格扱い。第一次政権の首相秘書官だった今井尚哉《たかや》（現内閣官房参与、経産省出身）、北村滋《しげる》（現内閣安全保障局長、警察庁出身）らを第二次政権以降も重用したのも、安倍晋三の中で敵と味方の明確な線引きができたからだった。

人間性も変わった。「プリンスメロン」と言われた父、安倍晋太郎譲りの優しさ、優柔不断さが影を潜め、祖父、岸信介譲りの老獪《ろうかい》さ、陰険さ、しぶとさが芽生えてきた。

安倍晋三にとって平成二十四（二〇一二）年九月の総裁選は政治生命を賭けた戦いとなった。ここで酷い負け方をすれば引退も覚悟せねばならなかった。もっとも力強く安倍晋三を励まし、中堅・若手の支持層を広げたのは菅義偉だった。

平成二十四年夏前の政治状況は現在と大きく異なっていた。首相の野田佳彦が衆院を解散したら民主党が大敗するのは確実だが、谷垣禎一率いる自民党と公明党だけでは過半数に届かず、他の政党との連立を模索しなければならないとみられていた。東京都知事の石原慎太郎は、大阪市長の橋下徹率いる日本維新の会と連携を強めており、国政復帰して首相を狙うべく動いていた。民主党の仙谷由人らは自民、民主の大連立構想を再び動かそうとしていた。副総裁の大島理森《ただもり》ら自民党執行部も自公両党の過半数獲得に自信を持てず、仙谷由人の大連立構想にぐらついていた。

そんな中、安倍晋三は民主党との大連立に真っ向から反対した。

「旧民社党系が民主党を割るなら連立を考えてもよいが、自治労や日教組など旧総評系のリベラル勢力まで含めて大連立を組むなんて論外だ。そんなことをしたら自民党は支持者から完全に見放される。民主党にあそこまで酷いことをされたのを忘れたのか。しかもあんなでたらめな政権運営で外交も経済も滅茶苦茶になった。連立を組んでどうやって日本を立て直すつもりなのか。全く理解できない」

自民党総裁選は当初、谷垣禎一が続投に強い意欲を示し、対抗馬として石破茂や安倍晋三の名があがっていたが、谷垣禎一が優勢だとみられていた。ところが、幹事長の石原伸晃が出馬表明すると、いきなり雲行きが変わった。森喜朗、青木幹雄、古賀誠ら重鎮が相次いで石原伸晃支持を表明したからだ。これは次の衆院選で日本維新の会と連立を組むことを前提にした動きだった。かつて自社さ連立政権で、比較第一党の自民党が社会党委員長の村山富市《とみいち》を首班指名したように石原慎太郎の首班指名も視野に入れていた。

森喜朗は後に「あれは石原慎太郎さんに頼まれたから仕方なしに伸晃くんを支持したんだ。前の東京都知事選で引退を考えていたのに、無理して続投してもらったからね」と釈明したが、本当の理由は違うとみている。安倍晋三が、中川昭一が遺《のこ》した創生「日本」を軸に出馬に動き出したからではないか。森喜朗の目には、安倍晋三が清和研の分派を企《くわだ》てたように映った。森喜朗が、清和研のベテランだった元官房長官の町村信孝の出馬を認めたのも安倍晋三の再選封じの一環だった。

安倍晋三は、麻生太郎が支持してくれるかどうかがカギになると考えていた。次の衆院選で保守勢力を結集させるには、安倍－麻生コンビで戦うしかないと考えたからだ。

当時、私は九州総局長として福岡勤務だったが、これが幸いした。福岡県は麻生太郎の地元であり、安倍晋三の地元・山口県も九州総局のテリトリーだったからだ。二人はこの時期に頻繁に地元入りしたので人目をはばからずに会うことができた上、地元後援会にも人脈を広げることができた。

お盆明けの八月十七日、麻生太郎が「明日、福岡に帰るから飯でも食おう」と突然電話してきた。指定された福岡・天神の外れにある小さなイタリアンレストランに行くと、麻生太郎が待っていた。

「お前、今回はどう考えても谷垣だろうが。参院選も地方選もきっちり勝って自民党総裁として何の瑕疵《かし》もないのに下ろす理由なんかどこにもないだろ。それに安倍はまだ傷が癒えていねえ。ここで無理して出馬して負けたら終わりだぞ。だから俺は安倍に『まだ若いんだから一度、厚労相か何か重要閣僚をしろ。総裁選はその後だ』と言ったんだ。違うか？」

私はこう言った。

「谷垣さんで総裁選を勝てますか。森（喜朗）さんや古賀（誠）さんは石原伸晃を推しているんですよ。石破茂もいる。それに、そう遠くない時期に行われる衆院選も、谷垣総裁の自民党で勝てますかね。谷垣さんは真面目で立派な方だけど、民主党に融和的すぎる。最初から大連立を前提にして衆院選を勝てるはずがない。それでは自民党支持層は戻ってくれませんよ。安倍と麻生がタッグを組んでこそ保守層は本気になるんですよ」

それでも麻生太郎は「谷垣しかねえだろ」と譲らない。そこでやむなくこう言った。

「麻生さんは谷垣さんに随分恩を売りましたが、彼は借りを返したことがありますか。麻生派と谷垣派の宏池会合流構想だって結局袖《そで》にされて、谷垣さんは古賀さんの方に走ったじゃないですか。貸しはあれども借りはない。でも、安倍さんにはずいぶん恩義がありますよね。たった二十人の派閥の領袖《りょうしゅう》が首相になれたのはなぜですか。安倍さんが『次は絶対に麻生さんだ』と言ったからでしょ。だから中川昭一も菅義偉も甘利明も集まってくれた。でも麻生政権で安倍さんに閣僚ポストを与えることさえしなかったじゃないですか。それで今回は谷垣支持じゃ、渡世《とせい》の義理を果たせないんじゃないですか」

するとと麻生太郎が「お前に渡世の義理を言われる筋合いはねえ！」と怒りだしたので話はここで終わってしまったが、その後も安倍晋三は東京・神山町《かみやまちょう》の麻生太郎の自宅に何度も足を運び、麻生太郎に頭を下げ続けた。

「今回は無理しない方がいい。負ければ政治家として終わりだ」

麻生太郎はこう言って首を縦に振らなかったが、安倍晋三はこう言った。

「日本は本当に危機を迎えている。今回出なければ駄目なんです。このままでは日本は溶けてしまう。でも麻生さんの支持を得ることができないならば、私は総裁選に出ません」

麻生太郎も義理と人情の板挟みとなり、相当悩んだようだ。ここでひと肌脱いだのが、麻生太郎の参謀で福岡県議会議員の中村明彦だった。中村明彦は麻生太郎の東京の自宅にまで押しかけ、安倍晋三を支持するよう訴えた。

「あの～、怒らんで聞いてくださいよ。親父（麻生太郎）が引退して軽井沢の別荘でゆっくり昔話を語り合いたいと思うのは誰ですか。安倍ですか？　谷垣ですか？　石破ですか？　石原ですか？」

麻生太郎が「そんなの安倍に決まってるじぇねえか」と応じると、中村明彦は「そうでしょう」とにっこり笑って帰っていった。

結局、谷垣禎一はジワジワと包囲網を狭められていき、九月十日に「党執行部から二人が立候補するのは好ましくない」として不出馬を表明した。総裁選告示前日の十三日、麻生太郎は記者会見を開き、こう言った。

「石原さんが出馬したから谷垣さんが出られなくなったんじゃねえのか。石原さんを幹事長にしたのは谷垣さん、石破さんを政調会長にしたのも谷垣さん。俺の記憶ではそうなんだがね。それが石原、石破が反谷垣になって出馬するというのは私の渡世の考え方からすれば考えられんな。こういうのを下克上《げこくじょう》というのか。どっかの新聞は明智光秀と書いていたけど。う～ん、平成の明智光秀とかありがたくない冠をこの人は当分いただくことになるんだと思うけどね」

テレビでこの中継を見て私は思わずのけぞってしまった。「渡世の義理」という言葉は、よほど麻生太郎の心に突き刺さっていたようだ。

総裁選は、安倍晋三、石破茂、石原伸晃、林芳正、町村信孝の五人の戦いとなった。麻生太郎の参戦により、安倍晋三陣営は勢いづいた。宏池会（古賀派）でも谷垣禎一に近いメンバーは水面下で安倍支持で動き始めた。それでもまだ「政権放り出し」のネガティブイメージがつきまとい、議員票も党員票も今ひとつ支持は広がらなかった。

「党員票は石破茂が圧倒的に多い。安倍晋三は大きく水をあけられている」。総裁選投開票日の九月二十六日午前、こんな情報が流れ、ホテルニューオータニで開かれた安倍陣営の決起集会はお通夜のような雰囲気になった。験担《げんかつ》ぎのカツカレーを食べるスプーンのコツコツという音だけが響いた。そこに麻生太郎が入ってくると雰囲気は一変した。

「何をうかねえ顔をしているんだ？　この中で党員の票だけで当選してきた奴がいるの

か？　俺たちの後ろには十万人の有権者がついているんだ。自信を持って安倍晋三に投票しようじゃねえか」

この一言で負け戦《いくさ》ムードが吹っ飛んだ。麻生太郎にはこういう火事場の馬鹿力がある。

午後に自民党本部で行われた総裁選の投開票で、トップは石破茂で議員票三十四票、党員票百六十五票の計百九十九票。安倍晋三は議員票五十四票、党員票八十七票の計百四十一票の二位だった。石原伸晃は議員票五十八票、党員票三十八票の計九十六票で三位に沈んだ。町村信孝は議員票二十七票、党員票七票の計三十四票、林芳正は議員票二十四票、党員票三票の計二十七票だった。

石破茂の得票は過半数（二百五十票）に届かなかったので、石破茂と安倍晋三で国会議員による決選投票が行われることになった。結果は安倍晋三が百八票で、八十九票だった石破茂を破り、第二十五代自民党総裁に返り咲いた。

十一月十四日、首相の野田佳彦は安倍晋三との党首討論で十一月十六日に衆院を解散することを唐突に表明した。翌十二月四日公示、十二月十六日投開票の衆院選で、自民党は二百九十四議席を獲得し大勝した。前回衆院選で三百八議席を獲得した民主党はわずか五十七議席だった。日本維新の会は五十四議席と躍進した。十二月二十六日、第九十六代首相に首班指名された安倍晋三は第二次安倍内閣を発足させた。

それから七年八カ月。安倍晋三は「一強」を維持したまま退陣した。平成二十四年の総裁選が奇跡に近い辛勝だったことを多くの人は忘れかけている。だが、安倍「一強」の秘密は、総裁に返り咲くまでの雌伏の五年間に隠されている。

中川昭一　見果てぬ青嵐会の夢

安倍晋三の政治家人生を語る上で中川昭一の存在は欠かせない。安倍晋三が誰よりも心を許した兄貴分であり、精神的なバックボーンだったからだ。

「昭一さんがいてくれたらな。今もつくづくそう思うよ。本当に寂しいな」

安倍晋三がこう言って、ため息をつくのを何度聞いただろうか。政治家・安倍晋三を語るには中川昭一の存在は欠かせない。自民党が下野《げや》した平成二十一（二〇〇九）年十月三日夜、元財務相の中川昭一氏は自宅で就寝中に人知れず、その鼓動を止め、静かに逝った。享年五十六。

新聞記者が政治家を名前で呼ぶことは稀《まれ》だが、中川秀直という同姓の政治家がいたこともあり、親しい記者たちは「昭一さん」と呼んだ。本人も「先生」や「大臣」と呼ばれるのを嫌がり、どんなに大勢に囲まれた時も「昭一さん」と声をかけると必ず振り向き、はにかむような笑顔を見せた。中川昭一はシャイで真面目で不器用な男だった。ちょっと上目遣いで遠くを見つめるその表情には何とも言えない「男の色気」があった。

中川昭一の葬儀・告別式は、透《す》き通るような秋空が広がった十月九日午前、東京都港区元麻布《もとあざぶ》の麻布山善福寺《あざぶさんぜんぷくじ》でしめやかに営まれた。前日の通夜に約三千人が参列したのに続き、この日も約二千五百人が参列し、焼香の列は山門のはるか遠くまで続いた。中川昭一のポスターを握りしめ、号泣する男女もいた。

　政治家も百人以上参列したが、中でも印象的だったのは安倍晋三だった。中川昭一の方が一歳年長で政治

中川昭一

家歴も十年近く長かったが、「保守派の盟友」という陳腐《ちんぷ》な言い回しでは言い表せないほど強い信頼関係で結ばれていた。安倍晋三は「友人代表」として時折声を詰まらせながら弔《ちょ》辞《うじ》を読んだ。

「昭一さん。今日はいつもと同じように昭一さんと呼ばせて下さい。二週間ほど前、電話で話した際は大変元気で『安倍ちゃん、保守再生のために頑張ろうよ』と語りかけてくれました。その矢先の突然の訃報に私は言葉を失いました。返す返すも残念であり、本人もさぞかし悔しい思いであったことでしょう。

国家の基本問題で大きな議論が起きる度に、私は常に昭一さんと行動を共にしてきました。昭一さんの颯爽《さっそう》とした若武者ぶりは若手議員を奮い立たせる魅力にあふれていました。自民党の綱領から憲法改正の柱が削除されそうになった時、昭一さんは当時の党の重鎮を向こうに回し、堂々と論陣を張りましたね。時は村山政権。このままでは日本が危ないという危機感の中で教科書問題にも取り組みました。当時の政治状況から考えれば、圧倒的に不利な情勢でしたが、私たちは『日本の前途と歴史教育を考える議員の会』を立ち上げ、昭一さんに会長をお願いしました。批判の矢面《やおもて》に立たされる危険がある中、俗に言えば票にもつながらない、政治キャリアにはマイナスかも知れないことも昭一さんは『おれがやらねば』と引き受けてくれました」

「拉致《らち》問題でも全力投球でしたね。憲法改正問題も同様でした。その後、教科書の記述は改善されました。難局に立ち向かうことで世の中を変えていく。そのためには全力で戦う。私も戦う政治家の姿をあなたから学びました。あなたの歩んできた道は、国家のため、正《まさ》にその一筋で貫かれていました。お別れの時が来ました。私は残されたご家族、ご参列の皆様に改めて申し上げたい。中川昭一は立派な政治家でした。まだまだ国家のために一緒に戦ってほしかった。私達はあなたを必要としていました。こんなことを申し上げているとはにかんだ笑顔で『そんなにほめるなよ、安倍ちゃん』という昭一さんの声が聞こえてくるようです。残された私たちはあなたが目指した誇りある日本を作るため、保守再生に向けて全力で取り組むことをお約束し、弔辞と致します。昭一さん、さようなら。安らかにお眠り下さい」

安倍晋三は中川昭一を保守派の「切り込み隊長」のように語ったが、切り込み隊長は安倍晋三であり、中川昭一はその後ろ盾だった。安倍晋三が拉致問題などで自民党執行部まで相手取って果敢に切り込んでいけたのは、後ろに中川昭一がいてくれたからだった。

平成十八（二〇〇六）年の総裁選で、真っ先に安倍晋三支持を表明したのも中川昭一だった。これが安倍晋三に出馬させる最後の一押しになったのだが、もし中川昭一が反対していたら安倍晋三は果たして出馬しただろうか。

中川昭一は、世間一般に広がる「タカ派」「酒乱」というイメージと全く違い、生真面目《きまじめ》でシャイな男だった。外交、経済、環境、文学、哲学——と知識は幅広く、興味のある話になると、おもむろに手帳を取りだし、熱心にメモを取り始めた。時折つまらないジョークを言ってバツが悪そうに照れ笑いする。議論で分《ぶ》が悪いとふてくされる。少年がそのまま大きくなったような男だった。

ただ、時々、わずかに飲んだだけで意識を失うほど酩酊《めいてい》することがあった。原因は持病の腰痛だった。かなりひどい椎間板《ついかんばん》ヘルニアで仕事が忙しいと悪化した。たまの休日は近くのテニスコートで若い女の子とテニスをするのが何よりも楽しみだったが、行く度に腰痛を悪化させた。痛みに耐えきれず、鎮痛剤や精神安定剤、睡眠導入剤などを大量に薬を飲んでいた。そんな状態で酒をわずかでも飲むと意識が吹っ飛んだ。

福田康夫が首相となり、無役になったある日、東京・世田谷の中川邸に行き、椎間板ヘルニアの手術を勧めたことがある。

「腰痛のせいで政治生命を失いかねないですよ。僕の妹も米国で交通事故にあって、歩けないほどの椎間板ヘルニアになったけど、手術をして子ども二人を産んで、今もピンピンしてる。福田政権で無役になって暇なんだから、今がチャンスだ。静養をかねて米国にでも行って手術したらどうですか？」

夫人の中川郁子《ゆうこ》（元衆院議員）も「そうよ、あなた。石橋さんの言う通りよ」と同調したが、中川昭一は昭和の男丸出しに「うるせえ！　お前は黙ってろ」とぶち切れた。呆れて「みんなが心配しているのにその言い方はないでしょう」と言うと、急に小声になり「だって手術なんか怖いじゃないか」とつぶやいた。鍼治療《はり》さえ怖がって行かなかった。

麻生太郎も、中川昭一の政治家としての資質を見抜き、かわいがった。二人は元々相通じるものがあったようだが、平成十九（二〇〇七）年の自民党総裁選で麻生太郎が福田康夫に敗れ、無役となるとますます仲良くなった。本会議場の席も隣同士でいつも楽しそうにヒソヒソ話をしていた。多くは他愛《たあい》もない話だった。

中川昭一「麻生太郎（A）、中川昭一（N）、安倍晋三（A）に平沼赳夫（H）を加えて『HANA（花）の会』になる。一回やりましょう」

麻生太郎「おっ、そりゃいいな！」

中川昭一「並べ替えて『AHAN（あはーん）の会』って言う手もありますよ」
麻生太郎「ガハハハ。なんだ、そりゃ！」

こんな調子だった。そんなある日、中川昭一は真顔で麻生太郎にこうささやいた。

「麻生さん、米国発の世界恐慌がまもなく来る。思っているよりずっと早いはずです。そうなると官僚任せじゃダメだ。一緒に非常事態用の経済対策を作りませんか」

平成二十（二〇〇八）年九月のリーマン・ショックの一年近く前の話だった。元日本興業銀行の銀行マンだけあって経済情勢の変化に敏感だった中川昭一はサブプライムローンの現状などを熱心に説明し、麻生太郎も次第に引き込まれていった。二人で練《ね》った構想が麻生太郎政権の緊急経済対策の青写真となった。

同年九月に首相に就任した麻生太郎はまず中川昭一に財務相と金融担当相を兼務させることから人事を固めていった。組閣の日、首相官邸に呼ばれた中川昭一は麻生太郎にこう告げられた。

「財務相と金融相を兼務してほしい。大変な仕事だが、あんたしかいない。条件は二つだ。酒を控えること。そして腰をいたわることだ」

意気に感じた中川昭一は熱心に仕事に取り組んだ。毎朝五時すぎに起き、報告書や答弁書に目を通す。中川昭一が当時持ち歩いていた資料はいつも赤線でいっぱいだった。酒量もめっきり減った。G20首脳会議などで麻生太郎に政府専用機で同行した際は、麻生太郎と機内食をともにしたが、中川昭一は一滴も飲まなかった。麻生太郎はこう言った。

「おれの横で松本純（当時の官房副長官）がグビグビやっているのに酒にまったく口をつけないんだ。昭一は大した男だと思ったよ。責任感が人一倍強いんだな。国際通貨基金（IMF）への十兆円の資金拠出も真っ先に理解してくれたのは昭一だった」

にもかかわらず最悪の事件が起きてしまった。二月のローマでの先進七カ国財務相・中央銀行総裁会議（G7）後の「酩酊」会見だ。G7前から腰の調子を悪化させており、原因が薬の飲み合わせであることは間違いない。中川昭一は「社交上、ワインを口に含んだだけ。ゴックンはしていない」と釈明したが、ウソではないと思う。

私は、中川昭一の失態に半日ほど気づかなかった。同行した記者がメールでくれた記者会見のメモは至って普通のやりとりだったからだ。しかし、映像に流れた中川昭一の姿は見るも哀れだった。「あ～の～」と呂律《ろれつ》の回らない様子を見れば、事情を知らない人は泥酔しているとしか思わない。あの状態なのに、質疑をメモにするとまともな受け答えをしていたということは、目がうつろで舌が回らなくとも、頭は冴《さ》えていたということだ。またもや腰痛用の強い痛み止めを他の薬と飲み合わせたのだろう。

麻生太郎は「昭一は立派に仕事を果たしている。首を切る理由がどこにあるんだ」とかばったが、辞任直前に中川昭一はこう打ち明けた。

「これ以上続けたら麻生さんに迷惑をかけるだけだろ。本当に申し訳ない。俺も映像を見るまでは『何を騒いでいるんだろう』と思っていたけど、映像を見てびっくりしたよ。なんだよ、あれ。あんな映像を一日中流されたら、俺自身が耐えられないよ」

中川昭一が辞任した夜、麻生太郎は声を上ずらせてこう言った。

「いや、今回ばかりはおれも悲しい。次の首相候補は昭一しかいないと思っていたんだ。自分が批判されるよりもずっと悲しい」

中川昭一が辞任した後も、テレビは「酩酊」会見の映像を「これでもか」というほど流し続けた。プライドの高い中川昭一はさぞ辛かっただろう。後援会幹部が「とにかくみんなに頭を下げろ」と迫っても頑《かたく》なに謝らなかった気持ちも分からなくはない。

十月十六日、中川昭一の死後、地元の北海道帯広市で開かれた「哀惜《あいせき》の会」で麻生太郎は弔辞をこう締めくくった。

「昭ちゃん、まさかあなたの弔辞を十三歳も年上の私が読むことになろうとは思ってもいませんでした。世界同時不況の中で財務相と金融相を兼務したこと、総選挙で自民党が政権与党の座を失ったことが、今回の悲劇を生んだ一端ではないかと誠に申し訳なく思っています。あなたの業績は後世の歴史家が評価してくれる。我が身無念と思えども国のためなら本懐なり。この言葉をあなたに贈りたい。どうぞ安らかに」

中川昭一は不思議な政治家だった。政局にはとことん疎《うと》く「政治家で大事なのは政策だろ。多数派工作なんてどうでもいいじゃないか。一体何が面白いんだ」とよくぼやいていた。「保守派の論客」と言われることも嫌っていた。

「保守って一体何なんだ。家族のため、日本のため、世界のために働くことが保守なのか。そんなの当たり前じゃないか」

そんな中川昭一に政治家の執念を垣間見《かいまみ》たことがある。中川昭一は国会近くの「十全ビル」に、父親で元農相の中川一郎（一九二五－一九八三）から引き継いだ個人事務所を持っていた。三角形に近い奇妙な形のオフィスに父親から受け継いだ立派な執務机とソファーセットがあり、秘密会談にはもってこいの場所だったが、中川昭一は政治活動にはほとんど使わず、もっぱら昼寝用のアジトとして使っていた。

そのアジトで中川昭一とともに酒を飲んでいた時、中川昭一は執務机の後ろにある本棚を何やらごそごそと探し、「これを見てくれよ」と古びた茶封筒を取り出した。中に入っていたのは青嵐会《せいらんかい》の血判状だった。

青嵐会は昭和四十八年に中川一郎が政界に風穴を空けるべく、渡辺美智雄《みちお》（元外相、一九二三－一九九五）、藤尾正行（元文相、一九一七－二〇〇六）、玉置和郎《たまきかずお》（元総務庁長官、一九二三－一九八七）、石原慎太郎（元運輸相、元東京都知事）、浜田幸一（一九二八－二〇一二）ら血気盛んな保守派の中堅・若手を集めて結成した政策集団だった。徹底した反共路線を貫いたが、ジワジワと他派閥の切り崩しを受け、六年後の昭和五十四年に解散に追い込まれた。

血判状は葬式の芳名録《ほうめいろく》などに使う和綴《わと》じ本だった。最初のページに「いたずらに議論に堕《だ》することなく、一命を賭して、右実践することを血盟す　中川一郎」という誓約があり、賛同者は署名の上、血判を押していた。その歴史的重みに言葉を失ったが、もっと驚いたのは脱会届をすべて同封していたことだ。「血判まで付いた仲間なのに」という中川一郎の無念を感じた。中川昭一は何も言わなかったが、「いつかは青嵐会の再興を」と思っていたのだろう。

実は中川昭一が青嵐会の再結成を思い立ったことがある。福田康夫政権が発足してまもないころ、「保守の信条を共有する若手を集めて勉強会を作ろうと思っているんだ」と言い出したので、私は「それじゃあ、いよいよ総理を目指す気ですか」と身を乗り出した。すると中川昭一は首を横に振り、こう言った。

「いや、おれは総理を目指す気はないよ。次は麻生さんを首相にするために命を賭けるつもりだ。それに安倍ちゃんにも、もう一回頑張ってもらわないといけないしな」

拍子《ひょうし》抜けした私は「それだったら勉強会に青嵐会と名付けるのは時期尚早でしょう。中川昭一しか使えないたった一枚のカードなんだ。機が熟すまで大事にしまっておくべきですよ」。

中川昭一は不満そうな顔をしながらも何も言わなかった。結局、その勉強会は「真・保守政策研究会」という何ともつまらない名称になった。こんなに早く逝ってしまうならば、あの時に「いまこそ青嵐会を立ち上げるべきだ。今こそお父さんの遺志を継ぐべきだ」と言うべきだった。悔やまれてならない。

歴史に「ｉｆ」は許されないと言うが、もし中川昭一が生きていたら、平成二十四（二〇一二）年の総裁選に安倍晋三は出馬していただろうか。中川昭一を総裁に推し、自らは幹事長に収まっていた可能性も十分ある。ただ、真・保守政策研究会は、中川昭一の死後、創生「日本」と名を変え、安倍晋三が会長に就任した。創生「日本」がなければ、安倍晋三が首相に返り咲くのは難しかっただろう。創生「日本」は、盟友・安倍晋三を復活させるための中川昭一の置き土産だったのかも知れない。

政治家として、あまりに純真で、あまりに繊細で、そして不器用な人だった。そんな中川昭一に贈られた法名は「青邦院釋昭尊《せいほういんしゃくしょうそん》」。真っ青な秋空のように澄《す》み切った心を持ち続けた政治家だった。

あとがきにかえて

安倍晋三が退陣表明した直後、インターネット番組「言論テレビ」で、ジャーナリストの櫻井よしこに「安倍政権の最大の功績は何だと思うか」と問われ、「日本を死の淵から救ったことだ」と答えた。

三年余り続いた民主党政権の混迷と無策により、平成二十四（二〇一二）年の日本はまさに存亡の危機を迎えていた。野田佳彦《よしひこ》が任期を半年以上残して衆院を解散していなかったら、尖閣諸島は中国に実効支配されていたのではないか。当時の日本政府にそれを止める術《すべ》はなく、同盟国である米国も黙殺していた可能性がある。経済もどん底だった。そんな「死の淵」にあった日本を再生した功績は大きい。

安倍晋三の功績をもう一つあげた。これは首相としてではなく、四半世紀に及ぶ政治活動を通じての功績である。

「三十年前の日本は君が代を歌う奴は右翼だと言われた。今は君が代を歌わない奴は左翼だと言われるようになった。つまり中間層の意識が変わったのだ。これこそが安倍晋三の功績ではないか」

三十年前の日本は、慰安婦問題を虚偽だと指摘したり、南京事件や東京裁判（極東国際軍事裁判）史観に疑義を唱えるのはタブーだった。国土庁長官だった奥野誠亮《せいすけ》（一九一三－二〇一六）は昭和六十三（一九八八）年五月、衆院決算委員会で「東京裁判は勝者が敗者に与えた懲罰だ」「（日中戦争で）日本に侵略の意図はなかった」と答弁し、閣僚を辞任した。藤尾正行（一九一七－二〇〇六）は昭和六十一（一九八六）年、『文藝春秋』のインタビューで「（日韓併合は）韓国側にもいくらかの責任なり、考えるべき点はあると思う」と発言し、閣僚を罷免《ひめん》された。

いずれも罷免・辞任に追い込んだのは、タカ派と言われた首相の中曽根康弘だった。よく歴史を学びもせずに発言を批判したメディアは論外だが、罷免・辞任に追い込んだ政治家にも問題がある。この頃は先の大戦の生き証人が数多く存命だった。この時期に政府や国会、政党できちんと検証していれば、問題を今に引きずることはなかったはずだ。

平成に入ると与野党ともにリベラル化し、歴史問題は「臭い物に蓋《ふた》」扱いされた。羽田《はた》孜《つとむ》（一九三五－二〇一七）首相の非自民連立政権でも、平成六（一九九四）四月に法相の永野茂門《しげと》（一九二三－二〇一〇）が、毎日新聞のインタビューで、南京事件について「私はあの直後に南京に行っている。でっち上げだと思う」「侵略戦争という定義付けは間違っている」と述べ、辞任している。

このような歴史認識の問題に果敢に挑んだのが安倍晋三であり、中川昭一だった。第二次安倍政権下で朝日新聞が、慰安婦問題の虚偽を認めた意義は大きい。

第一次を含めて通算八年九カ月に及ぶ安倍政権が残した実績は数多い。たった一年間だった第一次政権でも、教育基本法改正、防衛庁の省昇格、憲法改正手続きに関する法律（国民投票法）、公務員制度改革、社保庁解体と日本年金機構設立——などを成し遂げた。

第二次政権以降ではさらに数多い。特定秘密保護法や安保法制（平和安全法制）などの整備によって日米同盟は大幅に強化された。これらが整備されていなければ、自衛隊は米軍の後方支援さえできなかった。平成二十九（二〇一七）年に米国が北朝鮮に対し朝鮮有事を辞さぬ姿勢で臨んだ際、もし安保法制がなかったら、米大統領のドナルド・トランプは日本を見放しただろう。

小泉純一郎政権時代から放置されていたテロ等準備罪を含む組織犯罪処罰法も制定した。天皇陛下の退位を実現するため皇室典範特例法も制定した。

デフレ克服に向けたアベノミクスにも取り組んだ。日銀総裁の黒田東彦《はるひこ》の「大胆な金融緩和」と円安誘導もあり、民主党政権で七千円台まで落ち込んだ日経平均株価は二万円を超えた。今年春からの新型コロナウイルス禍による世界不況下でも「倒産を防ぎ、雇用を守る」方針の下で大型補正予算を組み、次々に施策を講じたことが奏功し、日経平均株価はなお二万三千円台を維持している。賛否はあるが、五%だった消費税を八%、一〇%と二回増税した。消費税に手を付けて政権を維持できたのは安倍政権だけだ。

安倍政権の実績一覧

〈第一次政権〉

- 教育基本法の改正（二〇〇六）
- 防衛庁の省昇格（二〇〇六）
- 国民投票法成立（二〇〇七）
- 国家公務員法改正（二〇〇七）
- 日本年金機構法成立（二〇〇七）

〈第二次政権〉

●六回の国政選挙に勝ち、長期安定政権を築く
●円高是正と株価上昇、アベノミクス効果
●二〇二〇年の東京オリンピック招致成功（二〇一三）
●国家安全保障会議（ＮＳＣ）発足（二〇一三）
●特定秘密保護法成立（二〇一三）
●二度の消費税引き上げ（二〇一四、二〇一九）
●日韓慰安婦合意（二〇一五）
●平和安全法制成立（二〇一五）
●伊勢志摩サミット開催とオバマ米大統領の広島訪問（二〇一六）
●アメリカ抜きの環太平洋経済連携協定（ＴＰＰ）成立（二〇一六）
●テロ等準備罪成立（二〇一七）
●日欧経済連携協定（ＥＰＡ）締結（二〇一八）
●天皇退位と新天皇即位、新元号「令和」発表（二〇一九）

これに対して、朝日新聞をはじめとする一部メディアと野党は激しい批判を続けた。

特定秘密保護法案に対しては「言論弾圧だ」「文化に対する国家権力の冒瀆《ぼうとく》だ」「映画を製作できなくなる」などと筋違いの反対キャンペーンを展開した。防衛・安全保障に関わる国家機密の漏洩《ろうえい》に罰則を処す法律のどこが「言論弾圧」なのかさっぱり分からない。しかも朝日新聞も旧民主党も究極の言論弾圧法案である人権擁護法案に賛成している。片腹痛いとしか言いようがない。

集団的自衛権行使を一部容認する平和安全法制の反対キャンペーンはもっと醜悪《しゅうあく》だった。平成二十七（二〇一五）年の通常国会は安保法制成立を期し、会期を九月二十七日まで延長したロングラン国会となった。民主党は共産党とともに「戦争法案」「徴兵制復活」など訳の分からないレッテルを貼って法案に反対し、九月十七日に法案が参院本会議に緊急上程されると内閣不信任決議案や問責決議案で対抗したあげく、本会議をボイコットし、国会前に集まった左翼系市民団体とともに「戦争法案反対」と気勢を上げた。安倍晋三が岸信介の孫だけに六〇年安保闘争の再来を狙ったのだろうが、アナクロニズムも甚《はなは》だしい。

六〇年安保闘争も日米同盟弱体化を狙った親ソ連派、親中国派の策謀だったが、五十年前と比べて東アジア情勢は激変している。中国は民主党政権時の二〇一〇年に日本のGDPを抜き、世界第二位に躍り出た。国防費も二〇二〇年予算で一兆二千六百八十億元（二十兆二千八百八十億円）。公表ベースで日本の防衛費の四倍以上、実態はその六倍以上だと言われている。しかも海軍力を大幅増強し、空母、戦略型原潜なども保有する。核兵器や弾道ミサイルも大量保有し、その性能は年々向上している。その現状をみて「米軍基地があるから沖縄が戦争に巻き込まれる」という理屈は通らない。にもかかわらず、安保法制を「戦争法案」呼ばわりするのは、よほど勉強不足なのか。それとも中国の意向を代弁しているのか。

特定秘密保護法や安保法制でメディアと野党があれほど反対キャンペーンを繰り広げても、安倍晋三政権が倒れず、その後の国政選挙で勝ち続けたのは、国民の多くが中国や北朝鮮の脅威を肌で感じているからだ。平成三十年間の激動の政治史を通じて、国民は政権交代が決して薔薇色《ばらいろ》でないことを学んだ。不安定な短期政権が続けば国力が衰退することにも気づいた。これを素直に認めなければ、左翼系メディアや野党はいずれ国民に見捨てられるだろう。

本書では、「一強」を築いた安倍晋三の秘密を探るべく、激動の政界三十年に安倍晋三がどのような軌跡をたどったか振り返った。そして挫折を繰り返しながら、何を学び、どうやって力を蓄えてきたかを分析した。あわせて、安倍晋三に影響を与えた政治家や、盟友として安倍晋三を支えた政治家たちの素顔にも光を当てた。政界の舞台裏で繰り広げられる人間模様の面白さを感じてもらえれば幸いだと思っている。

なお、文中に登場する政治家は敬称を略し、フルネーム表記とした。政治家は功罪ともに歴史に名が残る存在だ。歴史の一部ならば敬称は不要と考えたからだ。

第一次 第二次 安倍内閣の歩み

内閣	時期	政策
2006年9月26日　第一次安倍内閣発足		
2006年（平成18年）	10月	就任後初の外遊は中国。日中首脳会談
	10月	日韓首脳会談
	11月	国家安全保障に関する官邸機能強化会議設置
	12月	防衛庁設置法等改正（防衛庁・省昇格法）
	12月	教育基本法改正、60年ぶりの改正で、個人の尊厳の尊重に加え、「我が国と郷土を愛する態度を養う」ことが盛り込まれる
	12月	佐田玄一郎内閣特命担当大臣が政治資金収支報告書虚偽記載で辞任
2007年（平成19年）	1月	日中韓首脳会談
	1月	柳澤伯夫厚生大臣「産む機械」発言

3月	安全保障協力に関する日豪共同宣言
3月	「弾道ミサイル防衛システムを運用するための緊急対処要領」、閣議決定
4月	中国・温家宝首相が中国首相として初めて衆議院本会議で演説
4月	日中経済ハイレベル対話発足
4月	海洋基本法成立（国連海洋法条約に基づく）
5月	日本国憲法の改正手続に関する法律（国民投票法）成立
5月	松岡利勝農水大臣が自殺
5月	イラク復興支援特措法改正
5月	児童虐待防止法改正
6月	学校教育法・教育職員免許法改正
6月	日本年金機構法・国民年金法改正
6月	年金時効撤廃特例法成立
6月	国家公務員法改正
6月	久間章生防衛大臣が「原爆投下しょうがない」発言

		↓7月3日辞任
	7月29日	第21回参議院議員選挙、歴史的大敗北も続投表明
	8月	赤城徳彦農水大臣が事務所費問題で辞任
	8月	インド国会で演説
	8月	第一次安倍改造内閣発足
	9月	就任したばかりの遠藤武彦農水大臣が献金問題で辞任
	9月	9月10日に所信表明演説をするも、12日に辞任の意向を公表

2012年12月26日　第二次安倍内閣発足

2013年（平成25年）	1月	中国海軍レーダー照射事件
	2月	日米首脳会談
	3月	TPP交渉参加表明
	4月	日米首脳会談
	4月	NATOとの共同政治宣言に署名
	4月	日露首脳会談
	4月	日銀・黒田バズーカと呼ばれる異次元の金融緩和

	7月21日	第23回参議院議員選挙、自民党勝利
	9月	２０２０年東京オリンピック招致実現
	10月	14年４月の消費税８%への引き上げを決定
	12月	安全保障会議が「国家安全保障会議」に再編
	12月	特定秘密保護法成立
	12月26日	安倍総理、靖國神社参拝
２０１４年（平成26年）	４月	消費税８%に引き上げ
	３月	高度人材永住権資格に関する出入国管理法改正を閣議決定
	５月	内閣人事局設置
	６月	河野談話作成過程等に関する検討チーム、調査結果を公表
	７月１日	臨時閣議で「集団的自衛権」容認の方針を決定
	９月	第２次安倍改造内閣発足
	10月	就任直後の小渕優子経産大臣、松島みどり法務大臣が辞任
	10月	日銀・黒田バズーカ、２回目
	12月14日	第47回衆議院議員選挙、与党が３分の２の議席維持

	12月	第3次安倍内閣発足
2015年（平成27年）	6月	公職選挙法改正、18歳選挙権
	4月	米上下両院合同会議で安倍総理が演説
	8月	戦後70年安倍談話発表、閣議決定
	9月	自民党総裁選、安倍総理が無投票3選
	9月	集団的自衛権行使容認を含む、安全保障関連法成立
	10月	防衛装備庁発足
	10月	第3次安倍第1次改造内閣発足
	12月	日韓合意、慰安婦問題で10億円拠出
2016年（平成28年）	1月	甘利明経済再生担当大臣が現金授受で辞任
	2月	北朝鮮ミサイル発射に対し、抗議決議を全会一致で可決
	3月	TPP締結署名式
	5月26日	伊勢志摩サミット
	5月27日	オバマ大統領が広島・平和記念公園を訪問

	6月	成長戦略（日本再興戦略）を閣議決定
	7月10日	第24回参議院議員選挙。18歳選挙権施行後初の選挙で自民党大勝。改憲勢力が衆参で3分の2超え
	7月	東京都知事選、小池百合子氏が当選
	8月	尖閣沖に中国海警局の船6隻、中国漁船230隻が航行
	8月	第3次安倍再改造内閣発足
	8月8日	天皇陛下が「おことば」表明、譲位のご意向
	10月	自民党政治制度改革実行本部総会で、総裁任期が「連続3期9年」に
	11月	安倍総理、大統領就任前のトランプ氏と異例の会談
	12月	日露首脳会談、プーチン大統領が山口県へ
	12月27日	日米首脳会談、安倍総理がオバマ大統領と真珠湾の国立太平洋記念墓地、アリゾナ記念館訪問
2017年（平成29年）	（1月	トランプ大統領誕生）
	1月	釜山日本総領事館前に慰安婦像、駐韓大使を召還

２月	森友学園問題が報じられる
２月	トランプ大統領就任後初の日米首脳会談
３月	北朝鮮の中距離弾道ミサイルが日本のＥＥＺ内に落下
３月	欧州歴訪。メルケル首相と会談
４月	加計学園問題が報じられる
４月	失言で今村雅弘復興相が辞任
５月３日	総理が９条に自衛隊明記、２０２０年までの改憲に意欲表明
６月	天皇の譲位を一代に限り認める特例法が成立
６月	テロ等準備法を創設する改正組織犯罪処罰法成立
７月２日	東京都議会選挙。自民党が議席を大きく減らす
７月	稲田朋美防衛大臣が辞任
８月	第３次安倍第３次改造内閣発足
９月20日	ニューヨーク証券取引所で講演
９月20日	第72回国連総会で演説
10月22日	第48回衆議院議員選挙、自民党が単独過半数の議席、

		与党3分の2以上の議席を維持
	11月	第4次安倍内閣発足
2018年（平成30年）	1月	松本文明内閣府副大臣がヤジで辞任
	3月	森友学園問題関連で国税庁の佐川宣寿長官が辞任
	7月	参院議員定数改正、計6議席増
	7月17日	日欧EPA調印
	7月	カジノ含む統合型リゾート実施法成立
	8月	防衛白書で北朝鮮の核・ミサイル開発を「これまでにない重大かつ差し迫った脅威」と記述
	9月	日露首脳会談、プーチン大統領が年内の平和条約締結を提案
	9月20日	自民党総裁選、安倍総理が3選（553票獲得、石破茂254票）
	9月	日米首脳会談、日米物品貿易協定交渉開始で合意
	9月30日	沖縄県知事選、玉城デニー氏が当選
	10月	第4次安倍改造内閣発足
	10月25日	中国公式訪問、習近平国家主席と会談、

10月	日中関係を「競争から協調へ」発展で合意
	韓国大法院が「徴用工」問題で新日鉄住金の上告を棄却、賠償判決確定
11月	外国人労働者受け入れ拡大の入管難民法改正案可決
11月	ペンス副大統領と会談、インド太平洋地域の社会基盤整備支援で共同声明
11月	日露首脳会談、日ソ共同宣言を基礎に平和条約交渉加速で合意
11月	韓国女性家族省、「和解・癒やし財団」解散を発表
11月	2025年万国博覧会、大阪への誘致決定
11月	韓国大法院、「徴用工」問題で三菱重工の上告も棄却、賠償判決確定
11月30日	G20首脳会議開催
12月	新たな防衛計画の大綱と中期防衛力整備計画を閣議決定
12月21日	日本海で自衛隊哨戒機が韓国駆逐艦から火器管制レーダーを照射される事件発生

2019年（平成31年）	12月	TPP発効（先行6カ国）
	1月2日	レーダー照射問題で韓国国防省が日本側に謝罪を要求
	1月	韓国大法院が新日鐵住金の資産差し押さえを認める
	1月22日	日露首脳会談
	2月	日欧EPA発効
	2月8日	韓国国会議長が天皇陛下による元慰安婦への謝罪を求める
	4月	新元号「令和」決定
	4月	塚田一郎国土交通副大臣が失言で辞任
	4月	統一地方選
	4月	桜田義孝五輪相、失言で辞任
	4月26日	日米首脳会談
	4月	天皇陛下退位の儀
（令和元年）	5月	新天皇陛下即位
	5月	トランプ大統領、令和初の国賓として来日、日米首脳会談
	5月	「桜を見る会」問題が報じられる

6月12日	安倍総理イラン訪問、ロウハニ大統領、ハメネイ師と会談
(6月	ホルムズ海峡近くで日本の海運会社のタンカーが攻撃され被弾)
6月28日	日本初となるG20首脳会議、大阪で開催
6月	国際捕鯨委員会(IWC)から脱退
(6月30日	板門店で米朝首脳会談)
7月	韓国に対し、フッ化水素など3品目の輸出管理規制強化を発動
7月21日	第25回参議院議員選挙、与党が改選過半数を獲得
8月	経産省、韓国を「ホワイト国」から除外
(8月	米露間でINF条約が失効)
8月	大阪地検、佐川元国税庁長官ら再度不起訴に
8月	韓国大統領府がGSOMIA破棄を正式通告
9月	第4次安倍再改造内閣発足
9月25日	日米両首脳、新たな貿易協定交渉で最終合意
10月	消費税率、8%から10%に引き上げ
10月22日	天皇陛下、即位礼正殿の儀

	10月	菅原一秀経産相、香典・寄付をめぐる問題で辞任
	10月	河井克行法相、妻の選挙違反問題で辞任
	11月4日	安倍総理、ASEAN首脳会議会場で文在寅大統領と11分立ち話
	（11月	米、パリ協定離脱の通告）
	11月10日	天皇陛下即位パレード、11万9千人が観覧
	11月	天皇陛下の皇位継承儀式「大嘗宮の儀」
	11月20日	安倍総理の在職日数、憲政史上最長に
	11月	韓国政府、GSOMIA失効を回避
	11月23日	訪日中のフランシスコ・ローマ教皇と会談
	（11月	トランプ大統領「香港人権・民主主義法案」に署名、成立）
	12月	政府「安心と成長の未来を拓く総合経済対策」決定
	12月24日	日韓首脳会談、元「徴用工」問題の協議継続で一致
	12月	東京地検、秋元司衆院議員を収賄容疑で逮捕
	12月	中東への海上自衛隊部隊派遣（情報収集活動）決定
2020年	1月	武漢で新型コロナウイルス発生、政府はチャーター機で法人帰国

（令和2年）	2月	政府、湖北省などからの入国制限
	2月	安倍総理、全国の学校に臨時休校要請
	2月	「ダイヤモンド・プリンセス号」感染拡大、全員下船へ
	3月	全国一斉休校開始
	3月	政府、入国制限を大幅強化、習近平国家主席国賓来日を延期
	3月	安倍総理、バッハIOC会長と電話会談し五輪の一年延期を発表
	4月	新型コロナウイルスで全国に緊急事態宣言発令
	4月	政府は緊急経済対策と補正予算案を決定、国民1人10万円給付
	5月22日	安倍総理、緊急事態宣言解除
	5月	政府、「イージスアショア」配備断念
	5月18日	検察官定年延長の法改正案の見送りを決める
	5月	航空自衛隊に「宇宙作戦隊」発足
	（5月	トランプ大統領、WHO脱退の意向を表明）
	5月21日	東京高検・黒川弘務検事長、賭け麻雀で辞任
	5月	「少子化社会対策大綱」閣議決定

6月	首都圏、北海道などで学校再開
（6月	北朝鮮が開城の南北共同連絡事務所を爆破）
6月	河井克行・案里議員夫妻が離党、公選法違反で逮捕
（6月	中国全人代、香港への国家安全維持法を全会一致で可決・施行）
7月5日	東京都知事選で小池氏が再選
（7月	米政府がテキサス州の中国領事館を閉鎖）
8月	尖閣接続水域の中国公船、過去最長の連続111日侵入
8月24日	安倍総理の連続在職日数が歴代最長に
8月28日	安倍総理、持病悪化を理由に辞任表明
9月14日	自民党総裁選で菅義偉新総裁が誕生
9月16日	菅内閣発足

石橋　文登（いしばし・ふみと）

政治ジャーナリスト。1966年、福岡県生まれ。90年、京都大学農学部を卒業後、産経新聞社に入社。奈良支局、京都総局、大阪社会部を経て2002年に政治部に異動。拉致問題、郵政解散をはじめ小泉政権以降の政局の最前線で取材。政治部次長を経て、編集局次長兼政治部長などを歴任。2019年４月、同社を退社。6月より千葉工業大学審議役。2020年7月より千葉工業大学特別教授。

安倍晋三秘録　「一強」は続く

2020年11月12日　第１刷発行

著　　者　石橋文登
発 行 者　大山邦興
発 行 所　株式会社　飛鳥新社
〒101-0003　東京都千代田区一ツ橋 2-4-3　光文恒産ビル
電話　03-3263-7770（営業）　03-3263-7773（編集）
http://www.asukashinsha.co.jp
装　　幀　神長文夫＋松岡昌代
撮　　影　佐藤英明、今井一詞
印刷・製本　中央精版印刷株式会社

ISBN 978-4-86410-804-1

編集担当　工藤博海